庭に小さなカフェをつくったら、みんなの居場所になった。

つなげる×つながるごちゃまぜカフェ

南雲明彦 編著
みやの森カフェ 著

みやの森
カフェ

はじめに　「個」と「個」のつながりにたくましさを感じて

便利な世の中になり、スマートフォンやパソコンによって気軽につながりをもてるようになってきました。ＳＮＳやブログでつながり、相談を受けることもあります。相談の中でも多いのが、「生きづらさ」です。「生きづらさの根っこ」はどこにあるのでしょうか、「生きやすい社会」はどうしたら実現できるのでしょうか。

全国各地を回り、様々な立場の人と対話をくり返す中で、生きづらさを抱えている人たちに共通のものを感じました。「孤立」です。つながっている人たちがいないわけではなくて、つながっている人たちがいる中での孤立です。「孤立」にはどういう意味があるのかインターネットで調べていたら、「孤立系（外界とエネルギー及び物質の交換をしない系）」ということばを見つけました。孤立していない人は、多かれ少なかれ他の人と何かを交換しています。物じゃなくても、してもらったことに対してなんらかのお返しをしています。何かをするから、してもらうこともあります。交換し合うことで「生きづらさの根っこ」が小さくなるのであれば、こんなに素敵なことはありません。

今回、交換し合う舞台として選んだのは、富山県砺波市《となみ》にある「みやの森カフェ」です。半年に一度は訪れ、心地よく、いつも長居しています。入れ替わり立ち替わり、様々な人が訪れます。眉間にしわを寄せて訪れた人も、帰るころには眉間のしわは消え笑顔がこぼれています。カフェの中にいる人たちは、誰もが交換し合う関係にあります。健常も障がいも、老若男女も関係なく、生きづらさが小さくなる場所です。

「みやの森カフェ」の運営の中心にいる加藤愛理子さんとはじめてお会いしたのは、約十年前のことでした。加藤さんは当時、富山ＹＭＣＡのフリースクール講師を務めていました。ウインウイン（ｗｉｎｗｉｎ）なんてことばもあるけれど、双方で高め合っていこうという野心みたいなものはないし、双方にとって好都合かどうかなども考えたことがないつながりです。みやの森カフェがオープンしたのは、二〇一四年。毎回のことですが、カフェに行くと放っておかれます。もちろんカフェですから、ランチやケーキを食べて会計をするのは自然な流れです。

しかし、みやの森カフェは「必要な人と必要な分だけつながれる場所」なんです。「こんな人に会いたい」と意気込んで行く場所ではなくて、会いたい人に不思議と出会えたりします。共通点は、カフェのお客さんであること。自然にお客さん同士で心を開き合える場所なんです。中には大きな悩みを抱えて涙を流しながら話す人もいます。その内容はすぐに解決できないものもあります。それでもカフェから帰るころには顔をほころばせているんです。

固定しないし、執着しない場所。集まる人たちによって、変幻自在で自由自在に新しいつながりが生まれる場所。完璧につくり上げられたものもいいけれど、材料をそろえてみんなでつくるのも面白い。そんなみやの森カフェを一つひとつ丁寧に紐解いていくことで、「居場所」についてあらためて考えてみたいと思いました。

本をつくるのにあたって、二〇一七年春にみやの森カフェとつながりのある人たちに集まっていただきました。「当事者」、「親ごさん」、「支援者」にわけて「つながり」について座談会を行いました。しかし、みやの森カフェを知れば知るほど、わけてしまうことで失ってしまうものがあることに気づきました。最終的にはカフェの中心となっている人たちに登場していただくこととなりましたが、この集まりがあったから「つながりとは何か?」をじっくり考えることができました。心から感謝しています。

さて、今回登場するのは、二〇一四年にみやの森カフェの母体である「一般社団法人Ｐｏｎｔｅとやま」を立ち上げた、みやの森カフェ運営の中心である加藤愛理子さんと、子どもたちの体験活動、学習サポート、講座および相談活動の中心である水野カオルさん。臨床美術士としてアートカフェを開き、加藤さんたちの想いを理解してカフェのスタッフをされている渡辺恭子さん。立ち上げから一緒にやってきて、一年で四回やめて戻ってきたこともあるけれど、おいしいケーキをせっせと焼いてくれる深浦舞さん。台湾在住でありながらカフェに魅了され、その存在を紹介したくて加藤さんや水野さんを台湾で開催された学会へ招待した五十嵐祐紀子さん。「きっとあんたたちは気が合うはず」と、加藤さんと水野さんが出会うきっかけをつくった富山型デイサービス「ふらっと」の理事長である宮袋季美さんです。

みやの森カフェが示してくれるのは、「つながり」の豊かさであり可能性です。みやの森カフェにかかわっている人たちの日常や思考、感覚にふれることで「居場所」に欠かすことができない「個」と「個」のつながりのたくましさを感じていただけることを願っています。

二〇一九年二月　南雲　明彦

庭に小さなカフェをつくったら、みんなの居場所になった。

もくじ

1

みやの森カフェをつくる人

みやの森カフェオーナー

加藤《KATOU》　愛理子《ERIKO》

居場所

私の「自慢」は、二十回の引っ越しです。父が公務員、夫が会社員で、小学校は四つ、中学、高校、保育園は二つずつ行きました。入り口と出口が一緒なのは予備校と大学だけです。結婚してから四つ目の住まいが富山でした。家族は仲がよかったのですが、転々と家が変わる生活では、「この家が居場所」とは思えません。固定された居場所のイメージは、私の中にはとうていつくられず、「場」も「人」もその場限りで、いつもゼロに戻るという感覚をもち続けてきました。

でも、だからこそ、一生をかけて「居場所」にこだわり続けているのかもしれません。「誰かのために居場所をつくる」のではなく、「自分の居場所を誰かとつくる」。さらに、なるべく自分が楽できるように、「いろいろな人を巻き込んでいこう！」というのが私の原点です。

もう、十年前になりますが、コミュニティカフェネットで知り合った田中尚輝さん

（認定ＮＰＯ法人市民福祉団体全国協議会代表理事）のお話を聞きました。

「二〇一五年から国の方針が変わってきます。今まで国に任せていたことが地方自治体や住民におりてくる。そのとき、方法もネットワークももっていない自治体は混乱します。それに備えて、あなたたちが準備をしましょう。地域づくりのリーダーになるときがやってくる」。

正直、リーダーになる気はなかったのですが、「自分に介護や病気の問題が起きたときに頼りになるものがなくなる」という危機感をもちました。田中さんはさらに続けます。

「自分が新しいことに動いていくのはリスクがあると言う人が多い。でも、一生のうちで一番リスクがあるのは結婚です。それに比べれば、自分の老後をどうしていくかと考えていくのは逆のリスク回避です」。

このことばでノックアウトされました。当時私には、夫の両親、私の両親四人とも健在で、八十代にさしかかっていました。娘が二人いますが、二人とも県外で暮らしています。かつて、私が実家に帰ると、必ず母が、「あんたたちには世話にならないようにしたいわ」とつぶやいていました。今になると、母はそう言ったもののどうしたらいいのかわからなくて不安だったにちがいありません。

私は、「私の生き方、あるいは死に方の方法をもとう」と決心しました。若者支援よりこちらにシフトしていこうとも思いました。

決心を形にしていく

二〇一〇年、母から電話がありました。「肺に何カ所かガンができているらしいのよ。私はもう八十だから充分生きたから大丈夫」。

「とうとう、そのときがやってきた」。夫もすぐに動いてくれて、当時住んでいたマンションの賃貸部分をすぐ押さえ、一カ月後に両親は静岡から富山に引っ越してきました。こういうときに転勤族は潔いですね。行くと決めたら、引っ越しの準備もあっという間に整いました。親戚が、「家は任せろ。必ず売ってあげるから」と言ってくれました。引っ越しから二年半後母は亡くなりました。最期は、在宅診療をお願いしました。看護師さんやヘルパーさんも毎日来てくれて、おだやかに逝きました。

父が一人になって、私の中では決心を固めました。田中尚輝さんのお話はとても面白く、「年金が月五万しかない人でも、三人寄れば十五万円で暮らせます」というのも心に残りました。家族だから一緒に暮らすというより、一緒に暮らしたほうが合理的だという理由で、父と夫と夫の両親に、「一緒に暮らす家を建てましょう」と提案しました。都会は無理だけど、富山で三軒がお金を出し合えば、けっこう大きな家ができるにちがいないともくろみました。私の父は、すぐ「それはいいな」（このことばは父の口癖でもありますが）と。ところが、夫の父は、「千葉を離れたくない」と。ふつうはそうかもしれませんね。それでも、もう止まらなくなっていた私は住む場所を「砺波」と決めました。

砺波市は、住みやすさで全国ベスト5に入るほど評価が高くなってきています。自然も豊かで、大きな商業施設もあり、家も大きい。しかし、私が住居を決めたところは、庄川の東側。一番近いコンビニまでは二キロ。スーパーまでは六キロ。バス停はあるけど、コミュニティバスが一日に二回しか走っていません。

なぜここなのか。この地域には、友人が運営している富山型デイサービスがあり、同じ敷地の中に、在宅医療専門の診療所の出張所「ものがたり診療所庄東」があります。それを招致したのが地域の住民だと聞きました。住民が動くということは、きっと危機感を共有できるにちがいないと思いました。それだけの理由で、ここに住むという決心ができたことは、私の七不思議の一つです。

小さな家と小さなカフェ

最初の夢は、大きな古民家をリフォームしてゆったりした家とカフェをつくるということでした。カフェをつくろうと思ったのは、これからは閉ざされた家で家族だけで暮らしていくことはできないだろうと思ったからです。自分の住まいを開いて、外の空気を招き入れること、家族だけでなんとかしようと思わないこと、困っていることがあったら、「困っている！」とアピールすれば、きっと誰かが助けてくれるはず。

しかし、誤算はつきものです。リフォームの見積もり額を見て目まいがしました。予算の倍でした。でも、もう買ってしまったので後戻りはできません。あれもやめてこれもやめてと「家の夢」を削っても削っても予算にはたどり着かない。そのとき、友人の設計士さんが「リフォームをあきらめて、更地にしましょう。そして、小さな家と小さなカフェを建てる！」と言いました。現実とすり合わせてできあがったのが、小さなおうちと小さなカフェ。まあ、分相応になったと思います。

ずっと一人でやってきた私ですが、一緒にやろうと思う仲間が見つかりました。それが水野カオルさんです。年齢は九歳下。私たちの共通点は、障がいのある姉妹がいること。私の妹が軽度の脳性麻痺、水野さんのお姉さんは重度の知的と身体の障がいがあります。いわゆる「きょうだい児」と言われる立場にいる私たちは、感覚的にわかり合えることがあります。

まず、「支援」ということばはあまりありがたいとは思わない。「きょうだい児の支援も大切」と言われるようになってきていますが、「支援してあげる」と言われても、何を支援してもらうのかがわからない。でも、もし自分が子どもだったとき、「一緒だね」と言い合える仲間がいたらそれは嬉しかったかもしれないなとはちょっと思います。「仲間」と「居場所」があって、必要なときだけ行けたらそれはいいかも。そんなゆるい「居場所」をつくろうと二人でスタート。

生まれてはじめて「社団法人」をつくった私たち。「カオルさん、あなたが理事長だよ」と言ったら、「はい！」って元気のよい返事がきました。ちなみに私が理事で、二人だけの組織です。一応、「支援」ということばも入っている定款やハンコもつくらなくちゃと、今までやったことがないことをやりました。

四年経って、「あれは起業だったのか」と今更ながらに恐ろしい。人に勧められて、はじめにコンサルタントにも相談しましたが、「全く何も知らない人が起業した」とその会社で噂になったとか。その噂になっていることを教えてくれた人の妻が、今では私たちの大切な仲間の一人になっています。

四年経ちました

一年目、知っている人だけ来ました。私は介護する人が気晴らしや相談のために来てくれたらいいなと思ったのですが、若者が来る。不登校や高校中退、発達障がいの子どもや親が相談に来る。まあ、それでもいいか。二年目、知っている人の紹介だという人が来はじめました。知らない人が来ると、「誰かな」と緊張の走る私たちでした。現在、私たちが知らない人の紹介で来たという人も増えはじめ、さらに、地元の「タクト」という雑誌に載ったことから、ランチを食べに来る人も増えはじめました。

知らない人が来ると、やっぱり緊張する私たち。いつ慣れるのかはわからない。手伝ってくれるボランティアは徐々に増えていって、お客さんより多い日もあります。

逆に忙しくてスタッフが少ない日は、お客さんが急きょ厨房に入って手伝ってくれる。日々綱渡りのような営業が続きます。

発達障がいの子どもたちとのプログラムは土日に行います。園芸療法プログラムや工作教室、臨床美術教室、学習サポートなど盛りだくさん。一番人気は、「キッズカフェ」で、小中学生が参加しています。掃除、メニュー書き、料理、盛りつけ、お客さんのおもてなしなど子どもたちが自分で選んでがんばります。この日は、基本的に三百円の「お給料」が出るのです。お客さんが多ければ割り増しのときもある。お金は説得力がありますね。みんな、お金のためにがんばります。最初のころは、疲れてしまったのでしょうか、「売り切れ」という札を書いて勝手に入り口に貼っていた子どももいました。

月一回の介護おしゃべり会は最初からずっと続いていて、介護の経験が長いおばちゃんたちが参加してくれています。常連の五十嵐さんの口癖は、「一人六十年の生きてきた経験がありますからね。八人そろったら、四百八十年分のビッグデータがここにあるのよー」。この「ビッグデータ」は、介護相談から恋愛、結婚相談までなんでものってくれます。

よく聞かれるのが、「近所の人は来ますか?」。もともと、完全によそ者である私がつくったカフェです。地域の人が来てくれるかどうかは気にかかることではありましたが、ふつう最初は来ないだろう、五年経ったとき考えようと思っていました。

しかし、四年経った今、「キンゴゴクラブ」と名前をつけた金曜午後の自然発生的なお茶会には、ご近所の一人暮らしの男性が必ず二人参加してくれます。お二人ともこの地域で生まれ育って、そのあと都会で暮らしていたけど定年で地元に戻って来たという方です。そこに、地域外の熟年女性も若い人も来て、趣味の話などで盛り上がる。夫婦でランチを食べに来てくれる人もいます。四年目の夏には、七夕の竹や流しそうめんの竹もご近所さんが切り出して来てくれたり、カフェでご近所宴会も開くことができました。これは、カフェが認知されたというより、夫が草刈りや除雪に励んでくれたおかげかもしれません。

私のガンが発見される

実は、砺波に引っ越す四日前に、健康診断の結果が来ました。「左胸に影あり。要精密検査」と書かれていて、びっくりしました。でもとりあえず、引っ越さなくてはなりません。引っ越しを終えて一週間経って精密検査。「左肺の影は骨の影でした。でも、右側に観察を続けなくてはならない影があります」と言われました。三カ月の経過観察が決まりました。「カフェを三カ月はできる」と思いました。三カ月後、また三カ月の経過観察。しかし、母の手術をしてくれた医師に相談したところ、「すぐに来なさい」と言われて、セカンドオピニオンをもらいに行きました。「やはり手術しましょう。右肺の上部三分の一をとります」。時期は三番目の孫の出産が終わる四月末と決めました。まあ、走り続けて半年、そろそろ疲れも出てきたのでしばらく休むのもいいかと、不義理していた人への手紙を書く準備やら、いつもしたくてもできない数独の本やらを病院に持ち込みました。

しかし、手術前は出なかった咳が手術後は四六時中出て、苦しかったのでそれどころではない。それでもリハビリやら歩行はしっかりやって、三週間で退院。そのあと、ゆっくり再開しようと思いましたが、なんせカフェと自宅が同じ敷地内にあるので、人が来る人が来る。富山型デイサービスふらっとの理事長の宮袋さんからは、「えりちゃん、シルクドソレイユのパフォーマーが来るぞ！　あんたんとこでファイヤーショーやろう」という電話。「ファイヤーパフォーマンスｉｎ田園」というタイトルで、退院して十日目に咳き込みながら司会を務めました。「きっと何があっても私は休めない！」と実感しました。

一年目の検診で、手術してくれた医師が言いました。「加藤さん、加藤さんがガンになったことはきっとあなたの人生にプラスになりますよ」。先生は、ずっと私の活動を応援してくれた人です。実は、私もプラスになっていると感じはじめています。これは、病気だからというわけではなく、「困り事」や「心配事」を自分のものとして実感したとき、真の仲間とつながる糧になると思うのです。「実は私もなんですよ」

そういった当事者性で出会うと初対面でも心がつながります。年齢を重ねていく度に「当事者性」はどんどん増えていきます。

結婚や恋愛、子育ての悩み、年をとること、病気、介護などなど、自分の問題ととらえられたときに仲間が見つかる。当事者として、課題をみんなで考えていくこと、そこに不安や悩みの解決策があるように思うのです。人生の中で、ハプニングはいつでも、どこからでもやってきます。「どうしよう」とうろたえたとき、「私も経験あるよ」と言ってもらえるだけで勇気がもらえる。そのためにもいろいろな人とつながっていると安心できます。

家を開くということ

富山でも、高岡、射水、そしてこの砺波と三カ所に住みました。高岡は借り上げの社宅でマンションの二階。富山では、地元ではない人を「たびの人」と言います。私はなかなか素敵なことばだと思っていますが、もちろん、「よそ者」という意味もあるでしょう。「たびの人」はまずはどこに行って誰に会ったらよいのかわからない。そこで、「うちに来てください」といろいろな人をお誘いしました。そのうち、月に一回集まろうということになり、みなさんが誘い合って来るので、私の知らない人もいる。やっているうちに小さなマンションに三十人くらい来るようになりました。

次に住んだのは、射水市のマンションです。とても便がよかったので最期まで住めるかもと思いました。たしかに快適な暮らしだったのですが、隣は空き部屋、上の人も下の人も知らない人。住民の会にもあまり人が出てこない。地元の自治会にも入っていないので、周りとのつながりもない。父がこのマンションの別の部屋で一人暮らしになったとき、ここで最期まで暮らすことに疑問をもちました。砺波での暮らしはそこからはじまりました。

私は、終の棲家を建てることになって、田舎の安い地面を活かして、敷地内にわが家の居間の出張所であるカフェを建てました。もし、事業としてうまくいかなくなったとしてもうちの「離れ」に戻せばいい。若くて生活や子育ての心配がある人には冒険ですが、六十歳を超えた今は無理なくやれればそれでいいかなと思います。

しかし、家を開く方法は他にもいくらでもあります。今住んでいる家の一角に人を招き入れる「場」をつくってもいい。晴れているときは縁側でもお庭でもいい。もし、町内に空いている家があったらそこを借りてもいい。小さな「場」はいくつもあってほしい。そんな場がある地域は、風通しがよくて、困り事も心配事も一隅にたまったり、こもったりしないと思うのです。

誰かが「場」をつくり、そこに風のようにいろいろな人が出入りする。もちろん、たまにはトラブルや困ったことが起きるかもしれない。それをみんなで考えて解決に向かうこと。それが、本当は本来ある人間関係をつくっていくことなのではないかなと思っています。地域に住んでいるおじちゃん、おばちゃん、若者、子どもたちが入り交じってみんな一緒に生きているんだなあと実感することができるのではないかなと思います。

生きている限り、困り事や心配なことを避けて通ることができなかったりします。避けようとしてもぶつかってしまう。だけどそのままぶつかってみるのもいいんですよね。悩みを自分のものとして実感できたとき仲間が見つかる。共通のものが間にあると心はつながる。「問題」と呼ばれるものは誰かと出会うためにあるのかもしれません。

「福祉」とか「医療」とか、わかりやすいことばで言い表すことができないけれど、つながりが生まれる場所。そんな、「みやの森カフェ」とはどんな場所なのでしょうか。

（南雲）

加藤さんに聞きました。

加藤さんは一対一の関係をとても大切にされていますよね

富山に来てから、ある若者にこう言われました。「加藤さんが学校にいたときの話を聞かせてほしいな。興味があるんだ。僕は、学校に行かなかったことを話すから」。彼や彼の仲間たちとは、おにぎりを食べながらいろいろな話をしました。自分の世界がぐんっと広がっていくような気がしたことを覚えています。

私が大学で障がい者の外出介助をしていたとき、行く度に「あなたは、私たちの気持ちを全くわかっていない」と怒られるんです。でも、返すことばが見つからない。「障がい者は弱い人」という思い込みが私の中にあったことを突きつけられました。

ある日、「『彼ら』ということばを使ったときから差別がはじまる」という文を読んだとき、ハッとしました。「彼ら、障がい者」「あなたたち、障がい者」と、私はひとくくりにしていなかったか……答えは、「ＹＥＳ」。私の妹も障がいをもっていますが、妹は妹なのに、「彼ら」ということばを使ったときから、「障がい者」と「健常者」と、世界が二分される。そこに、「強い」「弱い」というような画一化された特性もくっついてきます。

今では、「大変な出来事に直面したり、悩んでいる人の気持ちは他人にはわからない。わかりたいと思ってもわかることはできない」でも、「わからないことを前提にしても、互いに語り合うことで、つながることができるのではないか」、そう思います。

上下、強弱の関係ではなく、自分の世界を自分のことばで語ること、お互いに聞き合うことで、相手の世界にびっくりしたりしながら、新しい見方、考え方、生き方が見えてくることがあるんです。

「彼ら」ということばは、私には不要になりました。ひとくくりにすると何かが見えなくなる。「私とあなた」という一対一の関係の中で、新しい関係や世界観が生まれてくるのだと思います。

加藤さんに聞きました。

ことばでのコミュニケーションは重要ですか？

もともとは話すことが得意というわけではないんです。ことばがどれくらいの真実を受け渡しするのかも疑問に思っているので……。昔は、私もことばを信じていて、「ことばで言う」「ことばで聞く」これが唯一のコミュニケーションと思っていました。それが揺らいだのは、富山に来て若者たちと話す機会が増えてからです。

そのころ、狭いマンションで月に一回の「オープンハウス」をしていました。最初は二、三人でしたが、そのうちにいろいろな人が集まるようになりました。半分が不登校や高校を中退した若者たちで、半分がその親世代、といっても親子はいない。和やかにご飯を食べたり語り合う場でした。

ある十九歳の男の子が、話す度に「そのことばは、どういう意味で言っているの？」と聞くのです。それも度々なので、なかなか話が進みません。逆に、「どうしてそれが気になるの？」と聞くと、「ことばの意味は使う人によってちがうと思う、だからどういう意味で使ったか聞かないとちゃんと考えられないんだ」と言いました。

確かにテンポのよい会話は「わかる、わかる」とお互いが言い合っても、もしかすると勘ちがいの上に成り立っているのかもしれない。どんなに正確に自分の意識の中からことばを選んだとしても、意識できているもの自体が正確かどうかはわかりません。「一緒に食べる」という活動は、私にとっては好都合だったと思います。一緒に食べること自体が、一つのコミュニケーションだと思うので。

そのあと、フリースクールの国語の講師になりました。こちらも高校中退や不登校の子どもたちが学習に来ます。私の入った当時は、雰囲気が暗い、話をする子もいない。そこで、「まずは一緒にご飯を食べよう」と、大きな弁当箱におかずを詰めて小さな丸テーブルに並べてみました。すると、夜は暴走している子も、摂食障がいやら強迫神経症だという子も、このテーブルの周りに集うようになりました。

ときには、セールスに来た人や英語を習っている大人も混じってご飯を食べる。「一緒に食べる」ことで、外の風もすうっと入って来たように思います。

加藤さんに聞きました。

それで、いろいろな人が来るカフェをフリースクールではじめたんですね

二〇〇三年に、フリースクールで「さくらカフェ」を開くことになりました。まるで風が吹くと桶屋が儲かるみたいな感じですが、『昼ご飯をみんなで食べる→料理教えてほしいと言われる→家庭科室になるところを探す→「この空き店舗を使っていいよ」と言われる→「カフェやろうよ」という話がもち上がる』。カフェのランチをつくるのは私です。友人や生徒のお母さんたちに手伝ってもらいながら、週二回の営業を開始しました。

いろいろな子どもたちが来ていました。でも、不登校、中退といっても事情はそれぞれちがうから、ふつうでは一緒にならない子たちの集合体でした。金髪の子がいたり、進学校を中退した子がいたり、病院から退院したばかりの子もいます。

不登校の子や高校を中退した子は、「同じ年の人が苦手」とよく言います。でも、同じ年の人がいる空間って、実は学校以外あまりないのです。

フリースクールには、小学生から二十歳くらいの生徒がいました。勉強一筋だった子もいれば、そうでない子もいる。学校の中ではめったに出会うことがない人たちが、カフェの丸いテーブルを囲んでお茶を飲んだりお菓子を食べたりします。共通点は、「お互いがここにいることを認め合っていること」だけ。おそらく、学校よりもバラエティーに富む世界がそこにあった気がします。

「みやの森カフェ」をつくるときに不安なことはありましたか？

フリースクールでカフェをはじめてずいぶん経ちます。でも、まさか自分がカフェをやるようになるなんて思ってもみませんでした。だから、どこにいくのかわからない、竜巻とまでいかなくてもつむじ風っぽい、人生がドンドン変わっていく。とりあえず退屈はしないけど、みやの森カフェをはじめたころは、「私はどこにいくのだろう」と怖かったです。

カフェをつくったのは、自分が出不精なのと、自分が「よそ者だ」という感覚が抜けないからかもしれません。「人がわざわざ自分に会いに来てくれる、終の棲家ができたら最高！」と思いました。

そして、自分の住まいを少し外に対して開くということ。これは、自分の心も開いて、他の人の心とつながっていくことだと思うのです。「閉ざされない世界に住むことは、きっと楽しいにちがいない」とも思ったのです。

「私は、カフェの床になりたい」と、いろいろな人に言っています。守る壁でもなく、見下ろす天井でもなく、床になりたいのです。

私は、「床」で、その上でみなさんがおしゃべりしたり、歌ったり、踊ったりしてくれたらいいなあと。私は、何もしないでそこにいるだけでいいというのが理想です。本当は、怠け者なんだと思います。

カフェを運営する中で大切にしている理念はありますか？

私の中には、「自分のためにやっている」という気持ちが揺れていないか、「自分ができないことに手を出していないか」が一番気になるところです。それが守られていれば継続ができる、ぶれないでいられると思う。「場」をつくっているだけで喜ばれるのであれば、ぶれずにこれをやり続ければいいのだと思います。

理念があるとすれば、「一人ぼっちで悩ませない」ということです。一人だけで悩むと、たいていは八方ふさがりになりますが、みんなで悩むと悩みが共有化されて、

さらに社会化されていく。その中でいろいろな考えやとらえ方や対処法が生まれていくのです。

カフェには厳密なルールはありますか？

私の居場所づくりの素は、「固定しない」、「執着しない」という感覚です。また、「支援者」と「当事者」をわけるのではなく、「みんなが自分のできることをもち寄って集ってくれればいいな」と思っていました。

だから、会員制にもしない、支援・療育

も謳《うた》わない。私たちは、「場」と「必要だと思われること」、「楽しいこと」を用意して、来たいなと思った人に来てもらう。全く出入り自由なのです。「来週から手伝いに来ます」という人が来なかったり、来ないかなと思っていた人が急に現れたり、それが組み合わさって、なんとか成り立っています。

それと、「居場所」ではなく、「カフェ」であることで一つのルールが自然にできています。それは、「お客さんとして振る舞うこと」。注文したらお金を払う、店では大きな声を出したり誰かを攻撃したりしない、開店、閉店の時間に従う、これだけで十分です。

さくらカフェをやっていたときに、水しか頼まない若者がいました。「何か注文してください」と言うと、「金を払わないとここに来られないのか」とすごんだ声で文句を言いました。「ここは店です。店には働く人とお金を払うお客さんしかいません。お金を払うのが嫌なら働いてください」と言ったら、「あなたの言うことはわかりやすい」と彼はほめてくれました。そして、しばらくは皿洗いをしていましたが、その

あとはちゃんとお金を払うお客さんになりました。

「カフェ」であることで、人と人との距離や、その場での振る舞い方などを学ぶことができているような気もします。まあ、ふつうのカフェとはちょっとちがいますか。

常にカフェは進化し続けていますよね

カフェ自体に力があるのではないんです。力がないからこそ、他とつながることでいろいろな機能をもつことができる。単なる個の集まりは、小魚の群れみたいなもので形を変えたり方向を変えたりけっこう自由なのです。だから私は、カテゴライズはまずしません。

「支援者」というカテゴライズは、「支援」が仕事である人には便宜上必要でしょうが、私は「支援」が仕事ではないので、必要がないと思っています。ときどき、私を「先生」と呼ぶ方がいますが、「カフェで先生と呼ばれると壺でも売っていそうな誤解を生むので、私のことは名前で呼んでください」とお願いしています。

カテゴライズは、確かに説明不要の便利さはありますね。でも、何かが動かなくなってしまう。私は、ネットワークのつくり方も団体同士ではなく全て「個」と「個」のつながりでやっています。私とは全くちがう立場、ちがう活動をしている人とつながること。団体同士の連携より、「個」のほうがずっとつながりやすく動きやすいのですよ。

みなさん、どんなきっかけでカフェにいらっしゃるのですか？

「カフェ」は「相談」する場であるので、カフェに来るきっかけは相談されることからスタートすることは多いです。でも、スタートはあくまでスタートで、そこからはいろいろなつながりのバラエティーが広がっていきます。それは、「支援者」としてそこにいるだけでは決して広がらないものなのです。カフェのスタートと同時に肺ガンが見つかり、八カ月後に手術しました。いろいろな意味で人生が変化していきました。その度に、たくさんの人が支えてくれて今もカフェが存在しています。

子ども向けプログラムに参加する子ども

たちも増えてきました。そのお父さん、お母さんとのつながりも、子どもの親というだけではなく一人の人間としてつながっていきます。

カフェは、必要な人が来るところ。逆に必要がなくなったら来なくてもいいところ。思い出したらいつでも来ていいところ。私は、淡々と、この場を維持していくだけなのですが、ここを訪れる人が、出会ったり、つながったり、力を発揮したりしてくれています。

私が床という感覚は、一応はみんなの足元だけは固めたいという思いもあります。でも、床の上での座り方、立ち方、あるいはおしゃべりや踊ったり歌ったりするスタイルはそこにいる人たちが心地よければ、どんなものでもありだなと思います。

若者からの相談もありますか？

ときどき、私と話したいとやって来てくれます。若者たちが苦しさを語るとき、「自

己肯定感がないのです」と、一言で言います。「自分で自分を認める（信頼する）気持ち」の意味なのかもしれませんが、一言で片付けてしまえるものではないと思います。

昔、フリースクールの生徒が「僕は根拠のない自信があるんですよ」と言っていました。彼の自信は、「自分はどんなことが起きてもやっていける」という肯定感（信頼感）。自信がありすぎて、現実に足りないものには対処できていませんでしたが……それもいいのかな。自己肯定感がないと言う人は、根拠のある自信を一生懸命探しているような気もします。

そんな若者たちに、私はいろいろな質問をしたくなります。「自己肯定感を、あなたは本当に自分が自分を認める気持ちとして使っている?」「人が認めてくれることが混じっていない?」「人と比較して考えていない?」「自分に力がある現実をしっかり見ている?」。

カフェに来て私と話しても、そこで自信ができるわけではないんです。まずは、自分の解体からはじめる必要があります。解体したかけらの中から、「これいいよね」と思えることを探していく。必ずありますよ。すぐ自己肯定感につながるとは限りませんが、そこから出発しています。そして、一緒にやっていけることを探します。それはずっとではなくても、一回きりでもかまわない。私は動かず待っているので、必要があればまたここに来てくれたらいいなと思っています。

私は、しないことはできないことだと思っています。だから、「なぜしないのだ」という質問はしない。できないことは本人にとってもつらい。人が責めたらもっとつらくなる。ただ、自分のことを知ることは大切だと思います。自分がどんなときにど

んな行動をとってしまうのか。もし、それが自分を生きづらくしているとしたら、そうならないためにはどうしたらいいかを一緒に考えようと伝えます。でも、ゆっくり、ゆっくり。

本人自身がいろいろと気づくには時間がかかることもありますね

「待つのは難しい」とよく言われますよね。例えば、お母さんが自分の子どもを見守りながら待つというのはなかなか難しいことだと思います。でも、カフェのおばちゃんである私は、いつもお客さんを待っているのでそれほど難しいことではありません。

ある若者が言いました。「みやの森カフェって、いい意味で無責任だと思うのですよ。いろいろ悩んだとき、ここに来て相談すると情報をくれたり、提案をしてくれる。支援者であれば、自分の提案を相談者が実行したかどうか、そのあとどうしたかと、責任をもって対処すると思うのです。でも、加藤さんは自分の提案が実行されたかどうかに関心をもたない。そのあとどうなったのか聞くこともない。ある意味放ったらかしです。でも、自分としてはそれが心地よい。実行するかどうかの責任は相談者自身がもっていると思うから」。

さすがに話を聞きながら、「わ、確かに私、無責任かも」と一瞬冷や汗が出ました。でも、これが私のやり方、カフェの姿勢です。カフェは支援をする場ではないのです。カフェに訪れた人と私はお話をする。もちろん情報や提案をお渡しすることもある。それをどうしていくかは受け取った人が選択する。カフェのできることはそこまで。その人がまた来てくれるのを私は待つだけです。

カフェを運営する「感覚」は、どこかで身についたものですか？

やはり度重なる引っ越しの中で、「ゼロ」を何度も体験したからかもしれませんが、「ゼロ」の感覚はありますね。見方によっては虚しさなのかもしれませんが、「豊かさ」とも言えるかもしれません。積み上げることに固執しなければ、いつも新鮮でいられます。

フリースクールに勤めたということも大きかったです。フリースクールで、若者たちと過ごす中でシンプルに大切なものはなんだろうと考えていました。不登校になると、いろいろな人があれやこれやと質問してくるらしい。「なぜ学校に行かないのか?」、「何か嫌なことがあったのか?」などなど。

ところが、フリースクールでは一切聞かないんです。それは、意識的に聞かないというより、特にみんなが興味をもたないからあまりに聞かれなくて、逆に「聞いてほしい」という子まで現れます。

でも、話の主軸は「今」であって、過去はそう語る必要がないという空気がスクールにあります。卒業のときだけ、「居場所フォーラム」を開いているので、そこで生徒たちは過去について語ります。進路も決まって、過去もある程度整理がついているのでしょう。私たちもはじめて聞くことばかりで「そんなことがあったのか」とそこでびっくりしたり、感心したりしていました。

フリースクールに、摂食障がいだという女の子がいました。「最近また食べられないんです」と泣きそうになっていたことがありました。丸いテーブルを囲んだみんな

から、「水は飲んでるの?」なんていう質問が飛びます。「うん」「それなら大丈夫だよ。水を飲んでいれば大丈夫」確かな根拠はないのですが、わいわいがやがや、楽しい話題に移っていきます。「あ、この前食べたお寿司超おいしかった」彼女は、「え、おいしそう。お寿司なら今でも食べられるかもしれない。でも、高いから親に悪いかな」「死ぬよりいい!」。次の日、彼女はお寿司を食べたと嬉しそうに報告をしていました。

　彼女とは今でも話をしますが、「あのころは、泣き言を言っても誰も同情もしてくれないし、笑い飛ばされた。でも、それがよかったかも」と言っていました。

一緒にいるというのは、「日常」がそこにあるということですね。大人も子どもも一対一の関係で同じ土俵にいる。「日常」を過ごす中で、子どもたちが元気を取り戻していくのを、たくさん見てきました。笑い合うことができるようなると、日常生活が戻ってきます。日常生活の中で「誰かに相談する」とは、自分の心や弱さをそのまま開くことです。それをしてくれる人の前で、私も自分の心を素直に開きます。そこから「ものがたり」がはじまります。

カフェは、いつも他の人もいる空間ですから、私だけではなく、そこにいる人たちも一緒に心を開いてくれる。開き合うことで、カフェの時間がときには静かに、ときには賑やかに流れていきます。それが、みやの森カフェの日常です。

「みやの森カフェ」を運営している中心は加藤さんですか？

みやの森カフェは、一般社団法人「Ｐｏｎｔｅとやま」が運営しています。社団法人は、二人でつくりました。相棒は水野カオルさん。

水野さんとの出会いは、彼女が二十一年間の教員生活に終止符を打って、地域で何かできることを探していたときに、「きっとあんたら気が合うから会ってごらん」と、宮袋さんが水野さんを紹介してくれました。

紹介してくれた宮袋季美さんは、一度会ったら忘れられない人です。富山型デイサービス「ふらっと」の理事長でもあります。

この二人に出会って、借り物ではなく、

自分が自分の責任でやっていきたいとはじめて思いました。

もちろん、カフェの業務は私一人ではできませんので、私たちの想いを理解しつつ、手伝ってくれる人が必要でした。さらに先行きわからない事業開始ですから、有償ボランティアをお願いするしかありません。それをＯＫしてくれたのが渡辺恭子さんです。

恭子さんとの出会いは、お子さんの相談からでした。カフェにはいろいろな若者が来ています。私に話しにくいことも恭子さんになら話せるというので、それも引き受けてくれる。カフェになくてはならない人なのです。

立ち上げから一緒にやってきて、一年で四回やめては戻ってきた深浦さん。その後一年継続したあと、またやめましたが、今では仕事の合間に来て、ボランティアでケーキをせっせと焼いてくれています。みんなそれぞれエネルギーのある人たちです。

不登校の小中学生や、子育てに悩んでいる人、いずれは仕事に就きたいと思っている若者も、一緒にカフェをやってくれています。「手伝っている」と思っている人よ

り、「ここでしたいことをしている」と思ってくれている人が多いです。

二人からはじめた介護おしゃべり会は、今でも月に一回開いています。介護の経験がある人、今介護で大変な人、これからが不安な人、ときには医師や看護師、薬剤師や介護士も混ざって、お弁当を食べながら情報交換をしています。

私が何もしなくても、ノートに記録を残そうよ、とか、次はこんな話をしようという提案が出てくるようになりました。これもありがたいことです。

これから「みやの森カフェ」はどこへ向かっていくんでしょうか？

月に一回の認知症カフェに対して市から助成を受けていますが、福祉でも医療でも学校でもない私たちは、それ以外は助成金をもらっていません。運営は大変です。でもだからこそ、自由で思い通りのことをやっていけます。

実は、みやの森カフェでの合いことばの一つは、「儲けよう」です。なかなか組織では働くことができない若者たちにも「みんなで儲けようよ」と声をかけています。福祉の世界と儲ける世界は正反対というイメージもあります。私のカフェは福祉ではないです。システムの中に入っていないし、誰かを救う機関でもない。

でも、生きづらさをもっている人が集まってくるところ。この生きづらさも様々です。福祉の支援を受けるようになる人もいますが、ぎりぎりのところでそれが望めない人もいる。その人をサポートするシステムがない。素晴らしい手づくりの作品を

つくれるのだけど、それを売ることができない人、周期的な気持ちの浮き沈みがあって、元気でないときは動けなくなる人、仕事は好きだけど、休み時間に職場の人と話すのが苦痛で仕方ない人。働く力があるのに、今のシステムでははみ出してしまう人。

そんな人たちが、自分の力を発揮できるような働き方、儲け方はないものか……それをみんなで考えたいのです。誰かに任せるのではなく、一人ひとりが主体になる。そんな挑戦ができればいいなあと思っています。

小さくても「集う場」があるというのは、

いろいろな可能性が生まれてくると思うのです。場の力というより、そこに集う人の力だったり、つながることで生まれる新しい何かだったりします。

私は、カフェで料理をつくっています。その料理を手伝う人、皿洗いや接客をする人、ケーキを焼く人などがいます。人がいないときだけ来て、掃除や草むしりをしてくれる人もいます。ご近所さんに借りている畑で自然栽培にチャレンジして、いろいろな野菜を育てている若者もいます。子どもたちに工作を教えに来てくれる高校の先生もいます。園芸療法士さんたちは、いろいろな野菜や花を子どもたちと一緒に育ててくれています。いろいろな人がかかわってくれることで、どんどんやれることが増えてきています。

それでも、みやの森カフェは広げることなく小さいままでいるつもりです。新しい人が訪れてくれたり、来ている人にアイデアが浮かんだりしたとき、新たなものが生まれてくるはずです。でも、根っこはそのまま、空気もそのままで続いていくと思います。

「自分も『心を開く』『住まいを開く』ということをやってみようかな」と、動き出す人が増えてきたらしいです。

カフェでなくてもいいのです。自宅を月一回開放してみるとか、空いている家をみんなで借りるとか、なんでもいいのです。

「そんなところがぽちぽちと地域にできてきて、その人たちがつながっていったらどんなことがはじまるのだろう」と、それを考えるととても楽しくなります。

みやの森カフェ もう一人のオーナー

水野《MIZUNO》 カオル《KAORU》

こちらとそちらの「通訳」に

自分を一言で言い表して……と言われると、「せわしない、落ち着きがない」に尽きる。幼いころから「あ～しょわしない、ちょっとねまられま」(あ～落ち着きのない子や、少しじっとしていなさいよ)とよく言われていた。つい最近まで、「のんびり」とか「休憩する」という意味がわからなかった。私のテンポに巻き込まれてきた職場の同僚や、友人たちは、さぞ疲れたことだろうと思う。(反省……遅!)

幼いころの私は、しょっちゅう頭の中に「きら～ん」と電球が灯っている感じで、「ひらめいた!」が口癖。そして、その浮かんだアイデアをどう実行するかにエネルギーを費やしていたと思う。

五十歳という大台を過ぎた今でも、自分を動かす原動力の第一位は、「ワクワク感」。「こうしたほうがよい」、「せねばならない」という価値基準は、自分の中では優先順位がやや低めである。そして、常識や前例にしばられることやなんらかのカテゴリーにくくられることも好きではない。

「きょうだい児」として生まれ育った私なので、「(こんな仕事をしているのは障がいのある)お姉さんの影響ですか?」とよく聞かれる。ないと言えばうそになるかもしれないが、少なくとも高校生になるころまでの私は、この業界に足を踏み入れるなんて全く思っていなかった。姉は家族であり、共に生活する人。障がいのある姉との日々の暮らしは、不便さはあるけれど人が思うほど困らないし不幸でもない。

生活の中の困り事は、障がいがあってもなくても起こるものだ。「障がいのある人たちの役に立ちたい」とか「困っている人たちの力になりたい」と思ったことはいまだかつて一度もない。だけど……「自由になりたかった」という思いはある。

障がいのある姉がいることで制限されることはいろいろあったから。差別的なことばに傷つくこともあったし、理不尽さに腹が立つけれどどうしようもない虚しさも度々味わった。だからといって、周囲の人々や社会を恨むこともなかった。「考えてもどうしようもないことをいつまでも考えるのは時間の無駄。今できることに時間を使いなさい」が口癖だった母の影響なのかもしれない。

つい先日、子どもがＡＳＤ（自閉症スペクトラム）の診断をされたばかりの若いママが、「私と結婚しなければ、夫はもっと幸せだったんじゃないか」と泣いていた。五十年前と何も変わらないのだな……と、愕然とした。マスコミでも度々取り上げられているけれど、「共生社会」とずいぶん前から叫ばれているけれど、多くの人たちにとって「障がい」はまだまだ他人事なのだな……と再認識。

私の日常は、自分が「ワクワク」することを求め続けているにすぎない。でも、今回この本の企画をいただいて、これまでを振り返り、あらためてじっくり考えてみることができた。（感謝！）そしてようやく気づいたこと……私は、こちらとそちらの「通訳」をしたり、こちらとそちらをハブでつないだりしているのかもしれないということ。ようやくすっきりした気分（遅！）。

水野さんと加藤さんとの共通点は、「きょうだい児」だけど、これはつながるきっかけにすぎなくて、本当の共通点はつながりを楽しみ続けていること。

加藤さんがみやの森カフェの「床」ならば、水野さんはカフェに差し込む「光」。学びの種をたくさんまいて、芽が出たら一緒に喜んでくれる人。「支援をする人、される人」という関係を越えていった先には、何が待っているのでしょうか。

（南雲）

水野さんに聞きました。

どうして教員をやめて地域で活動することを選ばれたんですか？

私の勤めていた当時の富山養護学校は、小学部には経管栄養を必要とするような最重度の子どもたちが入学しはじめていました。一方高等部には、中学校で不登校になり進学先が見つからなかったり、軽度の遅れがあるために高校進学できなかった子どもたちが在籍していて、いわば「ごちゃまぜ」状態でした。これまでよい評価を受けることができず、学校に居場所をなくした子どもたちが、障がいの重い仲間に出会い、自然なかかわりをもつ中で少しずつ優しくなったり元気になったりしていく様子を度々目にしました。

しかし、学校という場所は決まった年齢に達すると必ず卒業しなければなりません。卒業式の日に、「明日からの行き場所がない」という生徒が何人もいました。私の姉のように就学猶予されることはなくなり、全ての子が学校に通うことはできるようになったけど、卒業後は「在宅」の選択肢しかない人がいる……という現実にショックを受けました。

その後私は、地域の小学校に勤務し、特別支援級の担任をしました。子どもたちとの毎日はとても楽しく充実していたのですが、学校は「教員が子どもを評価」し「自分も評価される」場です。子どもたちの成長や発達の道筋、スピードは個々様々であるのに、基準に沿って評価しなければならないのです。私は次第に息苦しさを感じるようになり、養護学校で目の当たりにした子どもたちの卒業後についての思いも重なり、教員をやめる選択をしたのです。

地域で活動すると言っても、大きな資金があるわけでもなく、「福祉」としてやっていきたいわけでもなく、どうしようかなと思っているときに、宮袋さんから加藤さんを紹介されました（実は、養護学校に勤務していたときに別の知人から紹介されたことがあったのですが、そのころの私は次々と襲いかかる人生の難題に四苦八苦していた時期で、全く余裕がなく、加藤さんに会うチャンスはありませんでした）。

「きっとあんたたちは気が合うはず。えりちゃんの妹さんにも障がいがある」と、水野さんに聞きました。

当時の私は、「障がい者の家族、きょうだい児」としてくくられることにかなり抵抗があったこともあり、その日はとても緊張した覚えがあります。でも、そんな不安は加藤さんに会った瞬間に吹き飛んでいました。宮袋さんの思いは命中。これまでになくらい「自分の想いを理解してもらえる人に出会えた」と思いました。

何を話したかは実はよく覚えていません。なんだかとてもほっとして、この人のことは信頼できるという安心感を感じたように思います。それは、「きょうだい児」としての様々な思いや経験が関係しているのかもしれません。私たちは、当事者同士でもあるわけです。

加藤さんと出会ってから、すぐに活動を一緒にはじめたのでしょうか？

加藤さんと二人で、まずは「発達でこぼこネットワーク」という団体をつくりました。加藤さんがＹＭＣＡやさくらカフェで取り組んできたことと、私が退職後、担任していた子どもたちや保護者のみなさんと取り組んできたことを基盤に、サポートする側の学習会や講座、若者の当事者グループ活動などにも幅を広げていました。

一年半ぐらい続けたころ、加藤さんが「砺波」に終の棲家としての生活拠点を移されることになったのです。「え？　砺波？」富山で生まれ育った自分にとって、砺波は正直言っていろいろな意味で便利な地域だとは思えませんでした。加藤さんは度々、「AさんとBさんが出会ったらどんな化学反応が起こるか、それが楽しみ」と言います。加藤さんの「砺波で面白いことが起こりそう」という思いを信じてみようと思いました。そして、二〇一四年に、加藤さんと一般社団法人「Ｐｏｎｔｅ　とやま」を立ち上げました。法人といっても理事は私たち二人。

「Ｐｏｎｔｅ」は、イタリア語で「橋」や「つなぐ」という意味です。年齢や地域、立場や経験にこだわらず、地域のみなさんと「つながる」「つなげる」ことを大切にしたいという思いを込めました。もう一つ、当事者の方たちに対しては、「この橋わたってみようよ」というメッセージもあります。一人で怖かったら誰かと一緒に。も

し、景色が見えてきたところで「やっぱり無理！」と思ったら引き返せばいいし、別の橋をわたってもいいわけだし、というような。

カフェ運営の中心は加藤さん。私は、子どもたちの体験活動、学習サポート、講座および相談活動を中心に担当しています。

「Ponteとやま」では、どんな活動をされているんですか？

私が重点を置いているのは、子どもたちの楽しい活動の場「WAKUWAKUサークル」です。仲間と共に、様々な体験を通して「生きる力」を貯金していくことが大きな目標です。現在展開中のプログラムは、土となかよし（園芸療法プログラム）、からだとこころのプログラム（運動プログラム）、キッズプログラム（小学生の集団活動）、プレキッズプログラム（未就学の子どもと保護者対象）、クリエイティブプログラム（ものづくり）です。

診断のあるなしにかかわらず、何かしらの困難さを抱えた子どもたちの多くは、幼稚園や保育園、学校など集団生活の中で、「みんなと一緒にできない、やらない」と言われがちです。

集団の中では、多数の流れに乗り遅れてしまったり、チャンスを逃してしまったり。障がい特性のためにちょっと臆病だったり、不器用で一つの動作を獲得するのに時間を要してしまっていることをわかってもらえずに。でも、どの子も本来は「いろいろなことをやってみたい、できるようになりたい」という意欲や願いをもっていると思うのですよ。そんな子どもたちに、自分のペースでチャレンジする場と機会をつくっ

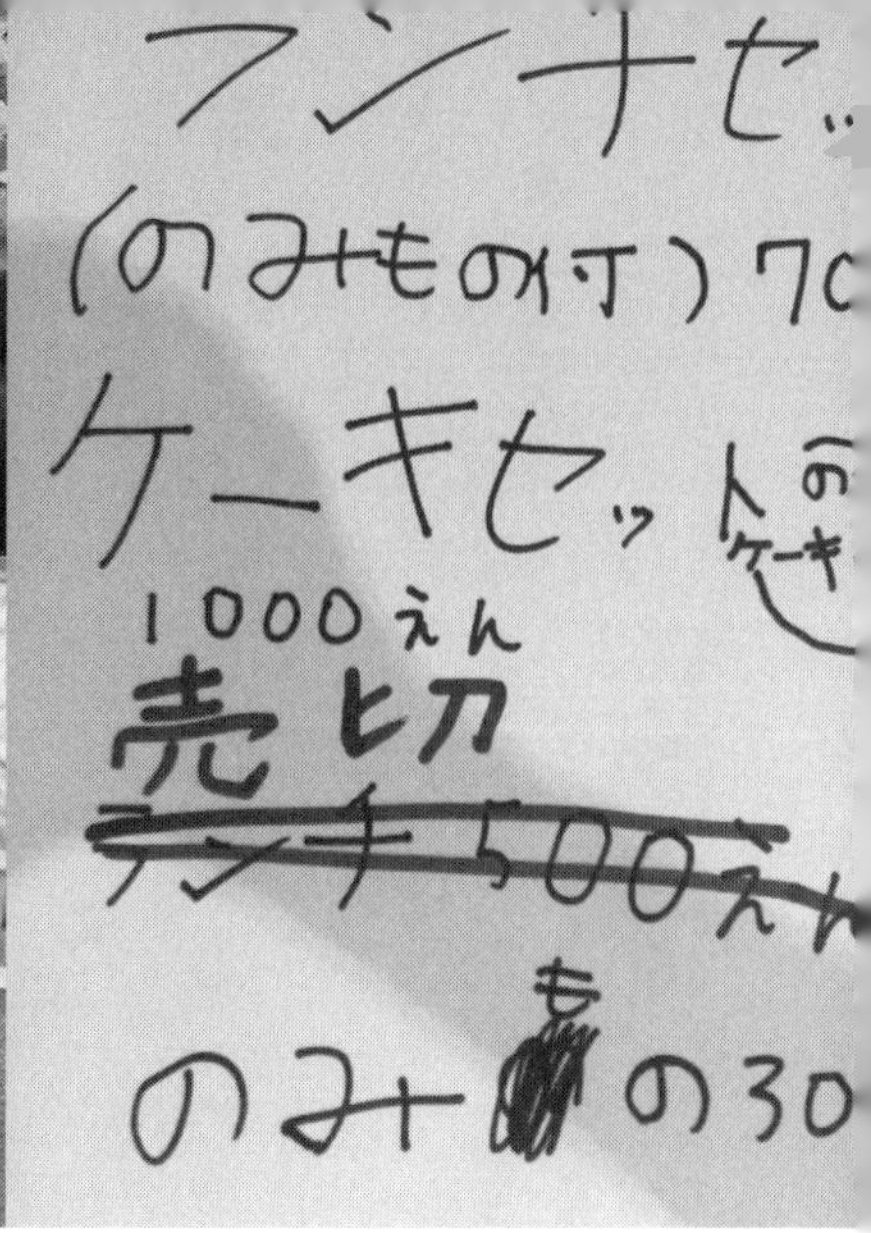

てあげたいと思いました。『WAKUWAKUサークル』は、子どもたちにとって、新しい自分を発見する場でもあり、学び直しの場でもあるとも言えます。

各プログラムの講師には、地域でその道のプロとして活躍している方たちに協力していただいています。あえて、障がいについての知識や経験がないという方たちと積極的にコラボレーションしていくことによって、「障がい」についての理解が進んだり、地域のみなさんが「共生」ということを意識してくださったりするとよいなという思いもあります。

親ごさんも参加されているんですか？

はじめは、子どもたちの活動は子どもたちだけの参加がよいなあと思っていました。しかし、カフェの立地から、保護者の送迎は必須となり、ならば「保護者のみなさんにも、学び合ってもらえる場をつくり出していこう」と考え直しました。

「お母さん自身が活動を楽しんでくださいね」とお願いしても、たいていは子どもの様子を凝視するお母さんたち。「お母さんたちは、壁や景色になって見ていてくださいね」とお願いしても、なかなかそうはなりきれない。そういうとき、カフェという場はけっこう都合がよく、調理場に入って皿洗いなど何かしらの「任務」をしてもらうことが可能です。

任務を与えられたお母さんは、必然的にわが子との距離を取ることになり余裕ができます。わが子以外の子どもとかかわるチャンスも生まれ、自分の子どもにはつい感

情的になるけれど、よそのお子さんだったら冷静になれるという経験もできます。アクシデントやハプニングが起きたときも、引き金となった事象から、そのあとどうリカバリーしていくかという過程をリアルタイムで見ることができます。

中には、「すみません」と自分のことのように謝ってしまうお母さんもいますが、仲間のお母さんの励ましや、私たちのちょこっとした解説、そして何より子ども同士が互いに影響し合いながら成長していく姿を目の当たりにすることで、お母さんたちも学び合い成長していくことができていると感じています。

一緒に参加している家族（お母さんのことが多いのですが）が、生き生きと活動している様子は、子どもたちにとってとても素敵なモデルになります。あえて楽しく笑顔で……という必要はありません。「わあ面白い！」「え、難しそう……」「わからないから教えてもらおう」「できて嬉しいな」……いろいろな感情や思いを素直に表現してもらって大丈夫なのです。

身近な大人があまりに素晴らしい存在だと、子どもたちは「どこまでもがんばらなければならない」と感じ、息苦しくなってしまうかもしれません。私もとてもそそっかしいので、子どもたちの前でもどんどん失敗しています。

楽しみながら学ぶために必要なことはなんだと考えていますか？

子どもたちが、自らの人生をたくましく生きていくために必要な力を獲得していく

過程で、「楽しみながら学ぶ」ということは、本当に大切なことだと思っています。

Ｐｏｎｔｅでは、様々なプログラムを企画し提案していますが、「その場で参加すること」や「流れに乗って活動し続けること」を強制しません。（ここをお母さんたちにわかってもらうのは、実はちょっと大変だったりするんですけどね（笑））。子どもの意思を尊重する、主体的な動きを待つことは、「楽しみながら学ぶ」ための必須条件だと考えるからです。

Ｐｏｎｔｅで人気のプログラムは、お仕事体験プログラム「キッズカフェ」です。

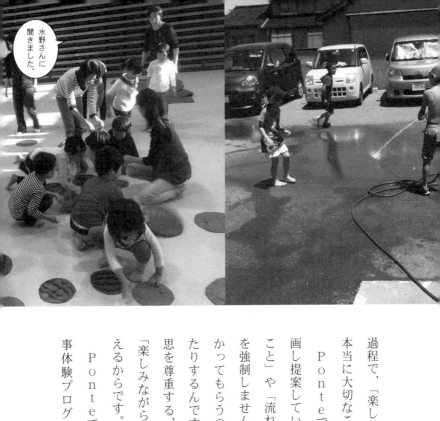

店員さんとして働くためには、お客さんのためにという「他者の存在」を意識した言動が求められます。店員仲間と協働することも必要です。

しかし、プログラムに参加するメンバーは、毎回固定ではありません。プログラムでしか出会わない子どももいます。さらに、参加する子どもたちの経験値や能力には大きなばらつきがあります。さて、どうしたものか。あたりまえのことですが、カフェは学校でも福祉でもなく、指導や教育、療育の場ではありません。答えは簡単、カフェだからできること、カフェでしかできないことをやっていけばよいのです。

最低限の枠組みは設定しつつも、細かい計画を立てたり、構造化しすぎることはやめました。参加する子どもたちは、まずはやりたい仕事からはじめます。集中力が続かなかったり、疲れてしまったときには自主的に休憩することも可能です。休憩している仲間に「ズルい」と批判する子はいません。自分が代わりにがんばろうと奮闘してくれる子もいます。

毎回、誰かがプチパニックを起こしたり、アクシデントに見舞われたりするのです

が、そんなときの子ども同士の距離感は絶妙で、互いを刺激せず淡々と自分の任務を続けている姿に感動することもしばしばです。

「自分ができること」を実感したり、「もっとこうしたい」という気持ちをもった子どもたちは、実に生き生きと働いています。中には「お給料」を励みにしている子もいるのですが、それも素晴らしいモチベーションです。毎回、「化学反応」は予想以上に起こるのでやっていて本当にあきません（笑）。

子どもが自らの意志で考えたり動いたり

すること、小さい失敗も含めて様々な体験を通して自信をもつこと、「なんだろう」「知りたいな」「もっとやってみたい」という関心や意欲をもつことは、子どもたちが主体的に自分自身の人生を送るために必要な力だということを、子どもたちが実証してくれているように思います。

どんな場所を提供できたらと考えていますか？

あるとき「キッズカフェ」で、CくんとDくんがこんなやりとりをしていました。C「おまえ、ほんっとにせわしないな」。D「そうけ？　でもおまえに言われたくないわ」。C「おまえ、薬飲んどるん?」。D「飲んどるよ」。C「おれも飲んどるよ。学校にも飲んどるやつおるけどね」。私「CくんもDくんもせわしないわ。人のことは言えないけどね」。C、D「そうなん？　大人でしょ！　でもまあ確かにね」。

一瞬、ドキッとしてしまいそうな会話ですが、これは、ピアサポート（同じような立

場の人によるサポート）になっていると感じました。

発達に偏りがあったり、何かしらの困難さがある子どもたちが、成長と共に「自分」と「外界」がわかってきたときでしょうか、「みんなとはちがう」部分を自分の中に感じ、孤独感や違和感を感じるようになることは事実だと思います。学校集団でどうしても少数派になりがちな子どもたちは、よりそれを強く感じてしまうのかもしれません。

そんなとき、子どもたちは自分のことを安心して話す場を保障されることで、似たような仲間の存在に気づき、「自分は一人ではない」という思いをもつことができるのではないかと思います。

自己肯定感とは、「あるがままの自分を受け止める」。つまり、等身大の自己理解をするということ。そのためには、安心できる環境で、多様な関係性や距離感を経験し、ときには自分とはちがう価値観にも出会いながら、いいところも少しよくない部分もある「自分」を知っていくことが大切だと思います。

その場が、学校であるに越したことはないのでしょうけれど、学校の外にその場があってもいいわけです。私たちが提供する場が、提案する活動が、そのような場になっていってくれるといいなあと。

サークル活動やお仕事体験プログラムによく参加してくれるFくんは、手が器用で、ものづくりもカフェの仕事も畑仕事も得意です。でも、一人っ子で、学校でもずっと一人学級であることも影響してか、とてもマイペースです。特に、自分がつくった作品を年下の子に触られるのがとても嫌、だけどみんなに見てほしいという気持ちも強

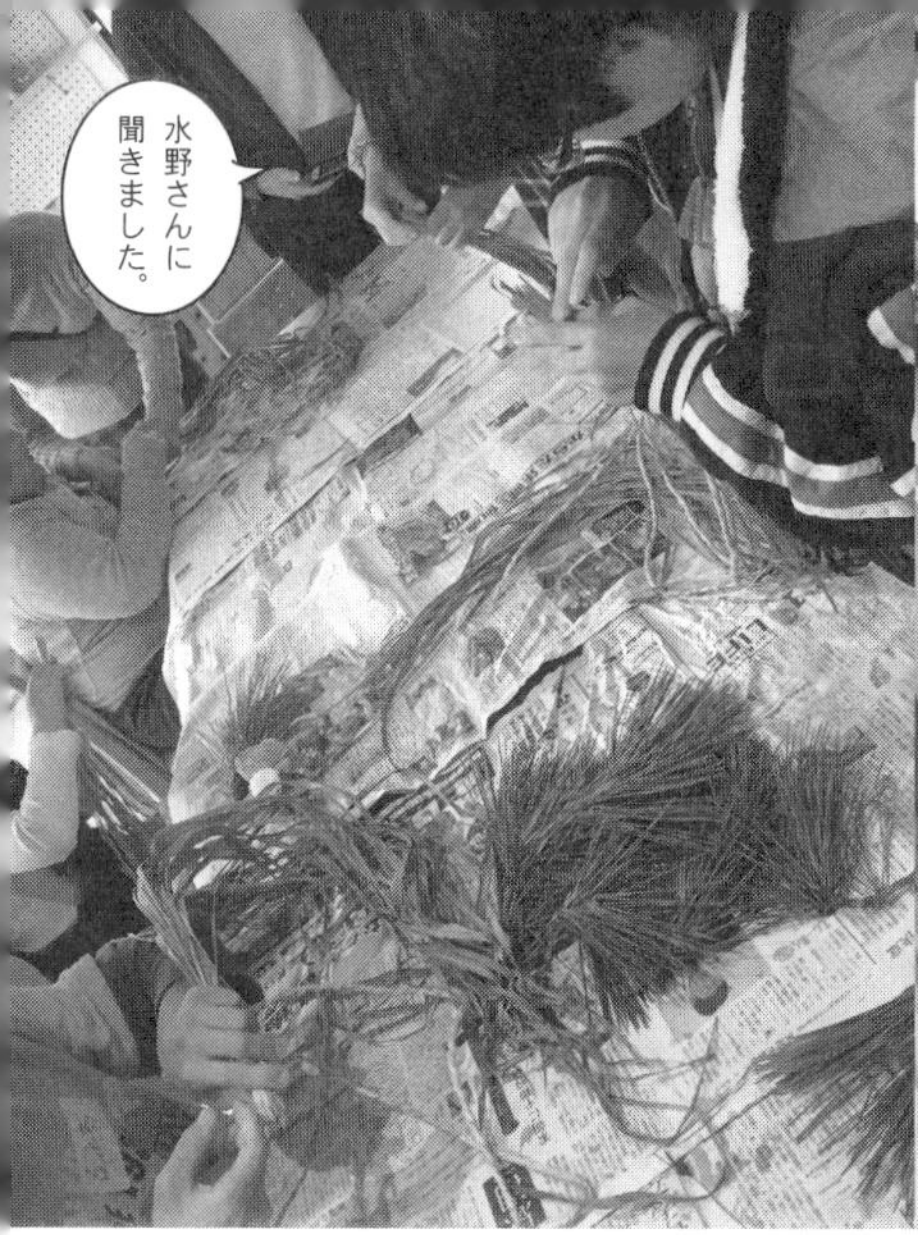

いようでした。

カフェにはいろいろなタイプの子どもたちがやってきます。絶対に触られないようにするなんて無理なこと。「うわ〜さわんなよ！」「ダメって言うたやろ！」年下の子にも容赦なく怒っていたのですが、半年ぐらいしたころから、「こっちなら使ってもいいよ」と年下の子に自分がつくったものを貸すようになってきました。Ｆくんは、自分を素直に出せる場があり続けたことで、自ら折り合いをつけられるようになっていったのです。

「人とつながる」よさや大切さを、子ども

たちはしっかりと認識してはいないでしょう。でも、このような体験の積み重ねの中で、「人とつながる」心地よさはきっとわかっていってくれるのではないかなと思います。

学習サポートで、心がけていることはありますか？

学習サポートでは、子どもたちが「学ぶ」ことを嫌いになったりあきらめてしまったりせず、「自ら学ぶ意欲」をもち続けることを大切にし、個々の特性を考慮しながら学習内容を工夫しています。

学習サポートを希望される保護者の方の大半は、「勉強についていってほしい」「高校に進学させたい」という願いをもって来られます。中には、「子どもが嫌がってでも、今やらせないと手遅れになる」と不安でいっぱいのお母さんもおられます。でも、何事も嫌々やっていたり、誰かにさせられていたら、効果が上がりませんからね。書き

たくない文字を散々書かされて、漢字プリントを見るのも嫌だという状態でやってくる子もいます。

だいたいの子は、親に連れて来られているので初回は仏頂面ですから、初回の出会いはとても大切。「この人、ちょっと面白いことしてくれるかも?」「これなら自分もできそう」と思ってもらえるような課題からスタートしていきます。保護者の願いは受け止めつつも、まずは子ども一人ひとりの状況をできるだけ多角的に把握し、情報を整理することを丁寧にしていきます。

学年が上がるにつれて、学校の課題をど

う乗り切るか、進学先はどこにするか、そのために取り組むことは、といった作戦会議のようなこともやっていきます。もちろん、中心は子ども本人です。

講師には、子どものことで相談に来られるようになったお母さんや、相談に来た若者もいます。

相談で気をつけていることはなんですか？

Ｐｏｎｔｅの支援部門では、様々な「相談」にも積極的に対応しています。話を聞く、状況を整理する、作戦を立てる……ということを丁寧にしていると、「相談する側 ― される側」という境界は薄れていきます。なんでもそうですが、「する人 ― される人」というシチュエーションだと、「してあげる ― してもらう」という関係性が生まれやすく、知らず知らず互いに依存してしまう場合もあると思うのです。

ですから、私たちはあくまでも仕分け人であり整理屋さん。ときには伴走者だった

り、プランナーだったりもするのかな。話し合っていく中で、その人が自分自身を取り戻していく姿を見られたときには感動します。

また私は常々、共感するということと共感的に聞くということはちがうと思って、子どもたちや若者、お母さんたちと接しています。人の話を聞いて、想像することはできるけれど、心から共感するってとても難しいことです。あるお母さんが、支援学校で先生から「お母さん、わかる！」を連発されると複雑な気分になると話していました。全く同感です。簡単に「わかる！」

と言われても、「え？　あなたそんな体験していないでしょ？」と思ってしまう。

加藤さんのお母さんが亡くなられたとき、加藤さんは私に、「あなたのお母さんが亡くなったとき、これを一人で抱えていたのだと思うとどんなに心細かっただろうかと思います。そのとき、そばにいてあげられたらなと思ったよ」と言ってくれました。私は、（大げさかもしれませんが）はじめて「共感してもらった」と心から感じました。

Ｐｏｎｔｅの存在意義とはなんでしょう？

Ｐｏｎｔｅでは、就学前のお子さんをもつ家族の相談会や、当事者の体験を聞く会なども開いています。また、不登校の高校生がいるお母さんたち、お連れ合いの対応に疲れた人……同じような悩みや不安を抱えた人のおしゃべり会を、クローズドで展開しています。

カフェという場がいつもそこにあること、私たちのような第三者の存在があること

で、必要なときに必要なものに参加することができます。手前味噌ですが、Ｐｏｎｔｅの存在意義はそういうところにもあるんじゃないのかな……と。

お母さんたちとつながる上で、大切にしていることはありますか？

お母さんたちが元気に自分自身の人生を生き生きと歩んでいくことは、「きょうだい児」でもある私たちの願いです。Ｐｏｎｔｅでは、たくさんのお母さんたちから相談を受けます。子どもの年齢は様々ですが、相談の出発は子どものことだったのに、実はお連れ合いや親との関係性に課題があることは多いです。

また、ひょんなことからご自分の話になり、「自分にも子どもと似たところはあるのかもしれない」「私も小学校のころはうまく話せなかった」。そんな話をしているうちにカフェが忙しくなってくると、見るに見かねたお母さんがいつの間にか厨房で手伝っている……みやの森カフェでは、よく見かける風景です（笑）。

子どもの将来を案じて相談しているときには、涙があふれ暗く曇った表情だったお母さんが、厨房でお皿を洗ったり盛り付けをしたりしているうちに元気になっていく。手を動かしながら話していると、不思議と涙は出てきません。

たまたま同じような悩みを抱えている人に出くわすこともあります。「そうだよねえ！」と意気投合、テンションＭＡＸ！　仲間に出会えたお母さんは、たちまち元気になっていきます。

お母さんたちの隠れた才能を発見することもしばしばあります。ある日相談に来ら

れたGさんは、なんとアクション事務所に所属し戦隊レンジャーだったとのこと！得意技は受け身！「子どもたちとレンジャーごっこしたら楽しいね」「私たちも受け身を覚えて悪人をやっつけましょ」と、盛り上がりました。

「する人 ― される人」という関係を超えて、新たな関係が生まれていく……まさに、「化学反応」。しかも、予測不能な化学反応です。

お母さんが元気だと、子どもはとても嬉しいものです。それに、お母さんに四六時中見られている子どもはとても窮屈です。

お母さんが自分の世界をもつことにより、視線が少し子どもからそれる、ほどよい距離感が保てる、親にも子にもいい影響があると思います。

何か起こるかもしれないという期待は常にありますが、方向性は全く予想していません。だからこそ、きっかけが見えたときにはとてもワクワクします。

きょうだい児に接するとき、意識していることはありますか？

私は、常に意識しないことを意識しています（笑）。カフェの営業中であれば一人のお客さんとして、プログラムでは一参加者として。きょうだい児は、ときどき不満を感じながらも、実はきょうだいのことをとても心配しています。面倒を見なさいと言われると反発したくなるけど、困っているのを見たら絶対に助けたくなるという不思議な心理。そして、お母さんが苦労するのを見たくないので、いつまでもお母さんの手を煩わせるきょうだいを疎ましく思うこともあります。

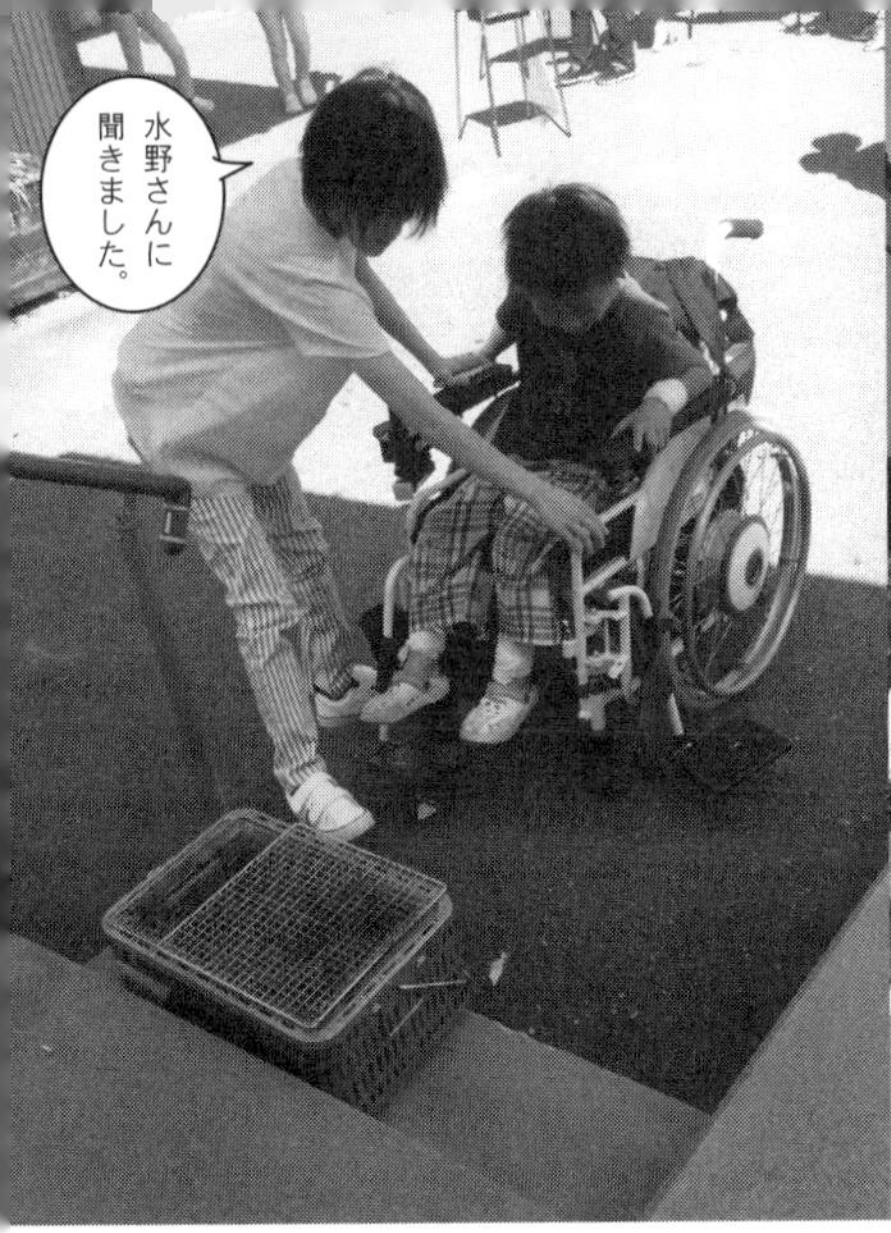

カフェの大人たちが、本人、きょうだいといった垣根なく「ふつー」にかかわっていく中で、それこそお互いのいいところを少し客観的に感じられるのではないかなと思います。

若いころは、「きょうだい」であることをあまり強調したくないと思っていましたが、人生折り返しを過ぎましたので、そろそろいいかなと思いはじめました。「きょうだい児」は、生まれながらの「ケアラー」なんです。（なんだかこう書くとかっこいい！）

私は、つい最近まで、同じ悩みがある人の会に参加することにとても抵抗がありました。幼いころに、姉と一緒にクリスマス会などの行事に参加したとき、みんなが楽しそうにしていても私はちっとも楽しくなかったんですよ。へそまがりな子どもですよねえ（笑）。「してもらっている感」への違和感というのでしょうか。ともかく不自然な空気を感じ続けていました。

でも、加藤さんと一緒に当事者会やお母さんたちのおしゃべり会を企画すると、参加した人たちの多くが元気になっていくんです。同じ悩みや困り事を共有できる場はやはり意味も意義もある。ただし、これも強制ではないことが大切なんでしょうね。

最後に、今後の目標を教えていただけますか？

新たにがんばりたいなと思っていることは、若者たちと一緒に仕事をつくり出す、そして共に稼ぐということです。補助金や国からの助成金ではない形でビジネスをしたいと思っています。そんな甘いもんじゃないとあちこちで言われそうですが（笑）。

2
みやの森カフェに集う人たち

みやの森カフェのスタッフ&臨床美術士

渡辺 恭子
WATANABE KYOUKO

渡辺さんは、臨床美術士として活動し、みやの森カフェでもアートカフェを開催しています。加藤さんとのつながりは、加藤さんに悩んでいるお母さんたちとのお話し会をお願いしたときからはじまりました。子どもはどんな状況であっても、出会いを運んでくれる存在なのかもしれません。そして、親自身も自分を大切にしていくことで明日につながっていく。

カフェでは優しい雰囲気で包み込んでくれる「空気」のような存在です。子どもが運んだ「つながり」はどんな未来をもたらしたのでしょうか。

（南雲）

渡辺さんに聞きました。

渡辺さんは、元々は富山で生まれ育ったわけではないんですよね？

私は、山形県山形市で生まれ育ちました。夫の仕事の関係で富山に移りました。それから十四年が経ちました。そのとき、まだ娘が九カ月でしたし、山形では実家で四世代の六人家族でした。そこから知らない土地に親子三人で越して来ましたので、どんな子育てになっていくのかと不安だったと思い出します。そのあと、二年後に長男が生まれました。

お子さんたちの様子を教えていただけますか？

上の娘は、人見知りで静かな印象ですが、実はユニーク、そして情熱もある人です。下の息子は、ユーモアがあり、面白い発想でみんなを楽しませてくれます。二人とも物事をよく考えているし、優しい心のもち主です。

小学校二年生の二学期に、長女が学校に行きたくなくなりました。幼稚園のときから行きしぶりの激しい子で悩みは絶えませんでしたが、一年生のときは、上級生や担任の先生との相性もよくなんとか通っていましたので安心していました。二年生になる年に、家を新築したので隣の校区に引越しをし、転校しました。それまで順調に登校していた娘ですが、二年生の二学期がはじまるとなぜか行きたくなくなってしまいました。

家から出ない娘を担任の先生が迎えに来て抱きかかえて行ったり、私も躍起になって子どもを捕まえて車に乗せて連れて行き、教室や保健室に付き添う日々が続きました。それが一カ月ほど続くと、私も娘もヘトヘト……いろいろな悪循環が永遠に続いていくようで、もう学校へ無理矢理連れて行くのはやめようと決断しました。

学校以外の人たちとのつながりはありましたか？

渡辺さんに聞きました。

助けてくれる人もたくさんいました。高岡市少年育成センターを教えてくれたママ友（その当時は顔を知っている程度の関係でしたが、娘のことを知ってわざわざ家を訪ねてくれました）や、少年育成センターで相談にのってくださった先生が、娘と遊びながら娘の心をほぐしてくれました。私の想いも受け止めてくださいました。今もときどき話を聞いていただいています。夫の職場の相談室に勤務していたHさんは、体を動かしに娘を外に連れ出してくれて、私が一人になる時間をつくってくれました。私の不安もよく聞いてくださいました。みなさん、娘を私を否定せず一緒にいてくれたり、話を聞いてくれたりしました。本当にありがたかったです。

「学校行かないの？」などと声をかけられることはありましたか？

下の子が入学したときには、上級生から「お姉ちゃんどうして来ないの？」とよく聞かれていたようです。私は、地域の活動に参加するとどうしても学校の話になるので、「うちは行っていないんです」と、カミングアウトするような形になることはありました。

カミングアウトとは、ちょっと大袈裟な言い方かもしれませんね。地域の方は、「いろいろあるよねー」という反応だったと思います。登校しなくなると行動する時間帯がずれるので、ご近所の目を気にして外に出ることを躊躇してしまうこともありました。誰に何を言われるわけではないのですけれど……。

しかし、状況をオープンにしたことで、こちらの気持ちがとっても楽になり、外に出やすくなりました。娘も私も、少しずつ外に出られるようになり、そのとき出かけて行ったのが高岡市にある「コミュニティハウスひとのま」（誰とでも自由につながり合えるコミュニティハウス。中には、子どもや若者をサポートする「ひとのま学園」もある）です。

娘がまだ学校に登校しているときに、臨床美術の仲間が体験教室を開催するというので「ひとのま」に行ったことがありました。共同代表だった元島さんの奥さんとも、他のイベントで知り合っていました。「誰が来てもよい、不登校の男の子が一人いるらしい、よしっ！」と思いました。

「ひとのま」に通いはじめて、すぐに馴染みましたか？

「ひとのま」に最初から馴染んだかというと、それは「？？」です。娘は、私の後ろにぴったりとくっついていることが多かったように思います。でも、少しずつ……みんなでご飯を食べたり、バトミントンをしたり、お花見をしたり、田植えをしたり、稲刈りをしたり……そうこうしているうちに弟が仲間入りしました。こちらは、一年生の三学期から学校には通っていません（笑）。

子どもたちは、私から離れてスタッフの宮田さんや元島さんとたわむれることができるようになり、仲間が卒業していったり、新しい仲間ができたり……今、娘はエレキギターをはじめて、「ひとのま」のみんなとバンドで演奏を楽しんでいます。娘が通い出して六年になりますが、日々進化しているように感じています。

渡辺さんに聞きました。

一方的に教わるじゃなくて、学び合っていますよね

子どもたちは、早い段階で学校に行かない選択をしているので、何かを失ったという感覚はあまりないかもしれません。学校とは……わが家にとっては、「子どもが籍を置く場」、なので、実際の学びの場（勉強に限らず）は、「ひとのま」や家庭です。

将来、違和感をもつこと、もたれることはあるかもしれませんが、二人とも人の生き方は多様だということを身をもって体験しています。このことは、これからの人生にプラスになると思っています。

実はそのころ、私自身が短大で臨床美術に関係する科目履修をしました。現役の学生たちと様々な年代の社会人が机を並べて学び合うのはいい体験でしたし、深く考えるということができたり、今だからこそ気づくことがたくさんありました。学ぶことは楽しいし、チャンスをつかめばいつでも学べると、あらためて感じた一年でした。

「ひとのま」に通っているのは子どもたちだけですか？

大人も子どもも、ごちゃまぜです。子どもたちの人数もずいぶん増えました。特にプログラムがあるわけではないので、自然発生的に子どもたちが動いたり、動かなかったりしています。娘は、お化け屋敷制作に毎年燃えています。かなり凝っていて怖いのですよ。裁縫が得意な大人と子どもたちが、道具を出してみんなで物づくりをしているときもあります。息子は、二年生くらいのときに、「ストローをつないで二階からコーラが飲めるか？」と言い出して、実際に挑戦したこともありました。

最初のころは、ご飯を大人がつくって子どもたちが手伝うことが多かったのですが、最近はみんなで夕飯をつくって食べる時間が増えました。高校男子が率先してつくっています。最初はおかゆになっていたご飯が、今ではとってもおいしく炊けています。

それに毎週、食べ物に困っているおばあちゃんがやって来て一緒に食べます。金曜日の夜は、その後引き続き寺子屋になります。高校生が小学生に勉強を教えたり、その逆だったり、同じ問題をいろいろな年代が解き合う場面もあります。様々な経験の一つひとつが、どれも子どもたちの心に積み重なっていくと思っています。

「つながり」がほとんどない状況だったらどうなっていたでしょうね

今となっては想像するのが難しいですが……偏った親子関係になってしまっていた

渡辺さんに聞きました。

かもしれませんし、子どもを学校に行かせられない母親だと自分を責めて、一人悩んで苦しんで行き詰まってしまっていたかもしれません。

人とつながると、一人では思いつかないことや、みんなとだからできることに思いがけず出くわしたりします。一人の時間も大切だけど、そんな経験も楽しい。そんなかかわりの中から、「人はそれぞれ……感性や価値観……ちがうのがあたりまえ」ということも、子どもたちは感じているのではないかなと思います。

一つがつながるとそこから枝葉が少しずつ伸びていくものですね。そして、そこからまたつながっていく。悪循環から抜け出せたのも、みやの森カフェにいるのも、臨床美術を続けているのも、「つながり」のおかげです。

「臨床美術士」は、どういうきっかけではじめられたのでしょうか？

富山に引っ越して来たばかりのころは、一歳の娘をおぶって作品をつくっていたこともあったのですが、なんだか疲れてしまいました。しばらく物づくりはやめようと考えました。それから何年か経ち、たまたま母校から臨床美術士養成講座のチラシが届きました。そこには、和紙でできたカボチャのオブジェの写真が載っていました。素朴で、(でも)モダンで、なんとも言えない味わいがありました。「これをつくりたい！」と、そのチラシが手から離せなくなってしまいました。

よく見ると、臨床美術士という資格で、高齢者や子どもたちと一緒に楽しむことができるというではありませんか！「社会とつながりたい！何か役割を！」と求めていた時期でした。さっそく、近くで体験できる場所を探し、通信講座で学びはじめました。

臨床美術士のことを教えていただけますか？

臨床美術は、もともと認知症予防のために開発されたアートプログラムで、絵を描

いたりオブジェをつくったりという創作活動を通して、脳を活性化させます。そして上手下手で評価することなく、それぞれの感性で感じて表現することを楽しむアートです。

参加される方々の年齢や状況、季節などからプログラムを選んで準備をします。たくさんのプログラムがあるんですよ。作品が完成すると、作品を並べてみんなで鑑賞会をします。それぞれの表現の素敵なところや面白いところ、鑑賞して感じたことをお伝えしたり、みなさんからもお聞きしてプログラムが終了します。

一人ひとりの表現の素晴らしさにふれる度に、私も嬉しくなります。限られた時間の中ですが、安心して感じ、表現できる場を提供し共有することが臨床美術士の役割なのではないかなと感じています。活動をはじめて六年くらいになりますが、みやの森カフェでも、月に一度アートカフェを開催しています。

アートカフェとは、どのようなものなのでしょうか?

臨床美術を気軽に体験していただきたいと思い、スタートしました。教室や講座に足を運ぶとなるとちょっと敷居が高くなるし、絵を描くのは苦手だからと思った時点でチャンスを失ってしまうこともあります。「みやの森アートカフェ」なら、少人数でゆったりと体験していただけるし、みなさんが創作している様子を傍で見ていることもできます。

「お茶のついでにやってみよう」とか、「楽しそうだから次回は参加してみよう」と

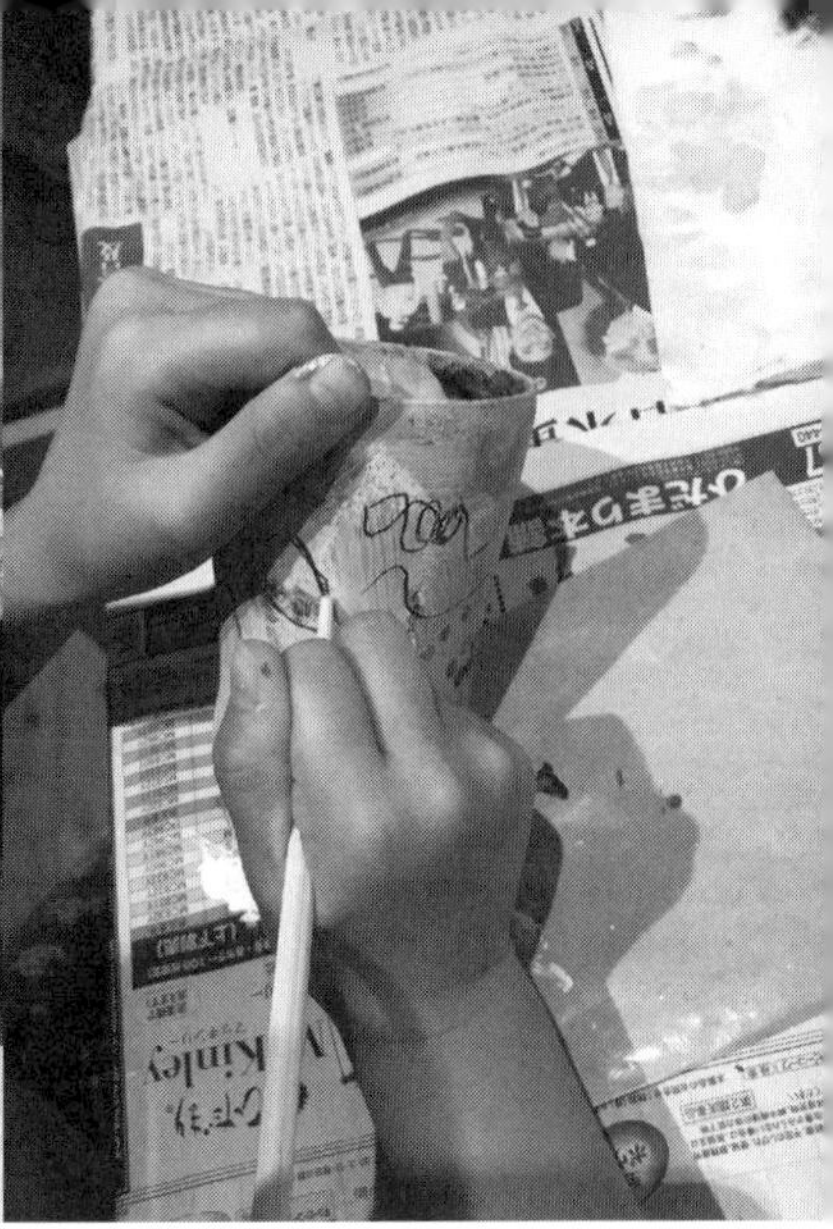

か……気軽に表現を楽しむ、自らの感覚を大事にする、そんなきっかけになればいいなと思っています。

最近は、加藤さんのお父さんが参加してくださっています。「いや〜楽しいなぁ」「今日はここがよく描けたな」「次はこんなふうに描けたらいいな」と毎回とても意欲的で、素晴らしい作品がたくさんできています。

臨床美術を体験した方たちはどんな感想をもたれましたか？

先日体験してくださった方が、「自分の中

の表現するココロが安心して羽根を伸ばしている感覚だった」と感想を聞かせてくれました。「子どものころは描くことが大好きだったのに、いつのまにか描けなくなった。評価されるのが怖くなった」という人が本当にたくさんいます。

私は、「安心して表現してほしい！」と強く思うのです。それは描くことだけじゃなくて、きっと他のことにも言えること。もしかしたら、安心して表現できる空間が今必要なのかもしれませんね。それが臨床美術の時間であったり、みやの森カフェなのかも。

安心はどのようにしてつくることができるのでしょうか？

安心できる場所があると、外に目が向けられるようになるし、外に出る勇気が出ると思います。みやの森カフェは、私にとっても安心できる大切な場所です。「ひとのま」も、家も、かな……。日々の暮らしの中には、緊張する場面も多々あるわけですが、

勇気を出して進めるのは私にも居場所があるからです。そしてその安心は、そこに集まるみんながつくっているのだと思います。

どのように進んだらよいか悩む中で、いろいろな方に話を聞いたり、相談したりすると、自分の考えや家族としての方向性が見えてきます。そうこうしているうちに、子ども本人も動き出す力がついてくるのではないでしょうか。

目の前で起こっていることは苦しくて大変で身動きが取れないような感覚に陥ってしまいますが、少し目線をずらして見てみる。特に母親は、自分を軸にして考えていくと少しずつ状況が動き出し、踏み出すことができるんじゃないかと思います。

みやの森カフェとのかかわりは、いつごろからですか？

みやの森カフェがオープンしたのが二〇一四年。その年の三月くらいに、「とやまＹＭＣＡ」のフォーラムに参加しました。そのとき、ほとんどはじめてお話しした加藤さんに、「わが家で、悩める母たちとのお話し会をしてほしい」とお願いしたら、快く引き受けてくれて、そのご縁で今みやの森カフェにいます。

そのフォーラムではもう一つ、当時フリースクールのセンター長だった上村さんが、帰りにエレベーターの前へいらしたとき、思い切って話しかけてみました。「実は、わが家は子どもたちが二人とも不登校なんです」。すると上村さんから、「あら～よかったね～」と返ってきたんです。私も薄々、「よかったんじゃないかな？」と感じはじめていたときだったとは思うのですが、それにしても、そんなふうに言ってく

れた人ははじめてでした。「ちゃんと感じられる子なんだよ、よかったね」、肩の力がふわーーーっと抜けた感覚でした。帰り道の軽やかだったこと。

私も同じような状況にいる親ごさんや子どもたちに、「よかったね〜」と言いたくなりました。子どもたちは、絶対大丈夫。私たち親も自分を大切に、今を大切に。それが、明日につながっていくと思うことができた出来事でした。

学校に行けない子、行かせられない母、という引け目のような感覚に苦しまなくなりました。学校に行かない選択をした子、それを認め、それぞれの子どもの成長を見守る私、と自信がもてるようになりました。日常が楽になったし、私自身も自分の時間を大切にできるようになりました。

加藤さんとは、どのような経緯で親交を深めていったのでしょうか？

実は、加藤さんにお願いしたお話し会の半年前くらいに、「ひとのま」で、「加藤さんが、カフェをオープンするんだって、働きたい人いない？」と、誰にともなく言っていたんです。そのとき、「わっ、興味ある！」と手をあげていました。

そして、お話し会の日の夜に加藤さんから、【カフェで、恭子さんのやりたいと思うことをやってみませんか？】と、メールをいただきました。お話し会では、子どもの話しかしていなかったと思うんですけれど、私のこれまでのことや、カフェに興味があることを長文で返信しました。

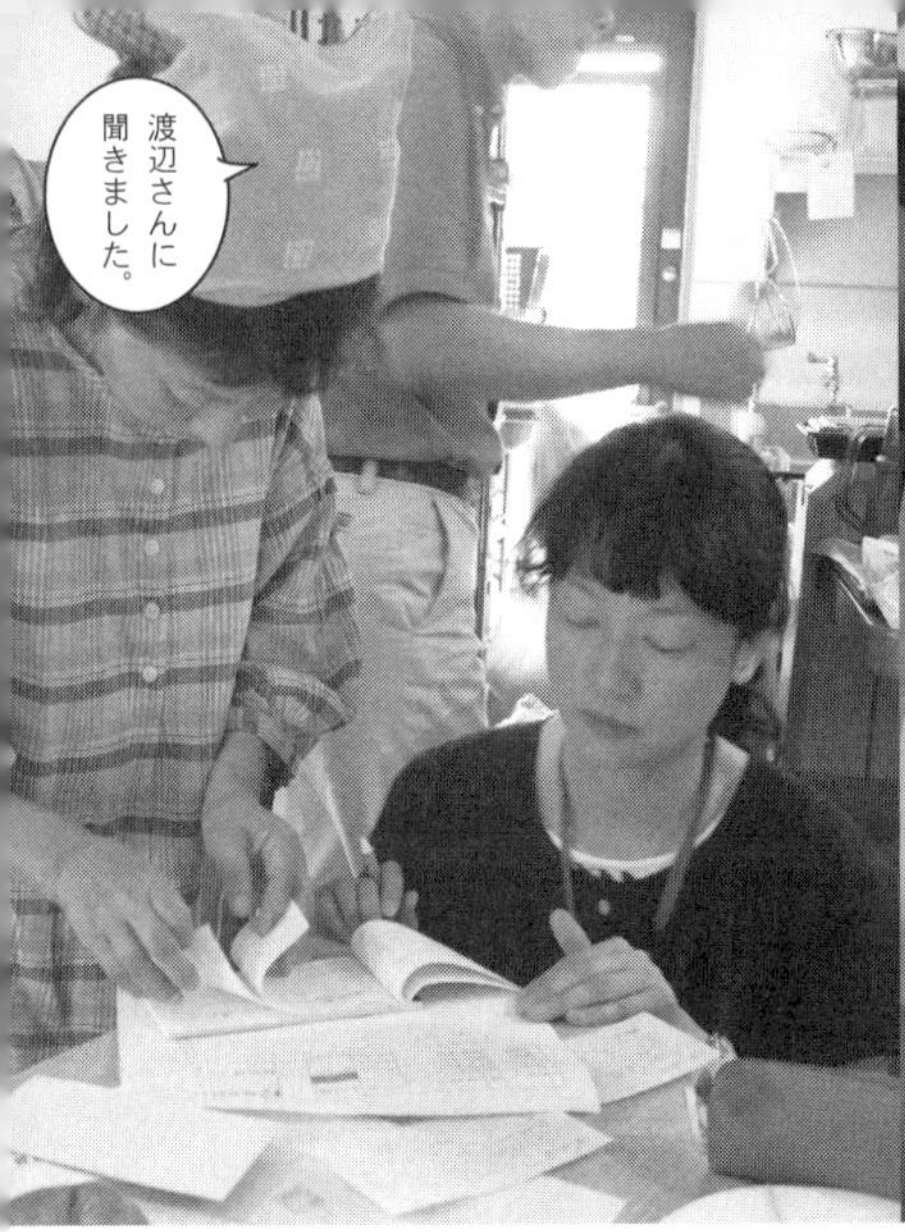

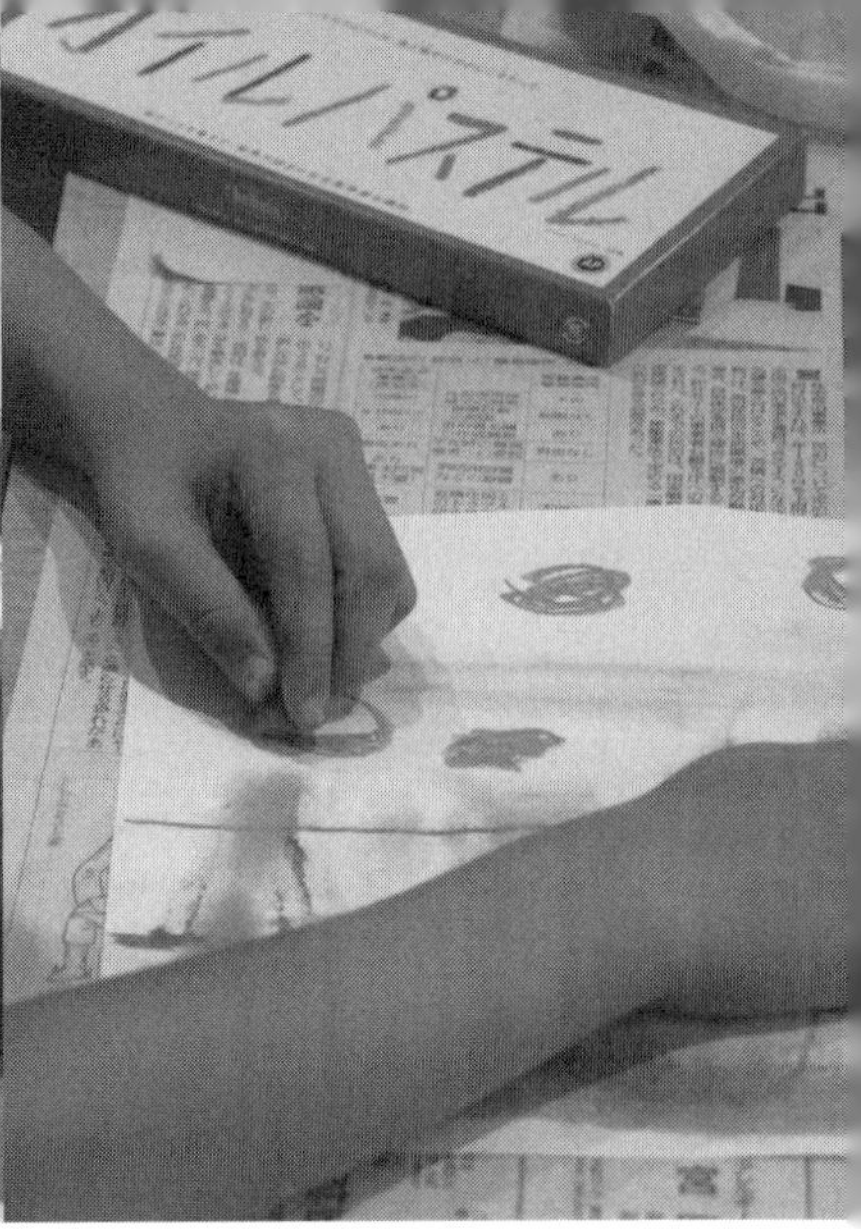

みやの森カフェは、どういう場所ですか？

いろいろなことで悩んでいる人が、たくさんいらっしゃいます。一人で抱え込んでいるときは、本当に苦しいんです。お客さん同士で話をしてみると、案外、同じことで悩んでいる、悩んでいたという人がいたりします。自然とそういう人たちが集まり、おいしい物を食べてホッとできる場所です。そして、正しい情報を得ると安心して前を向くことができます。それが、今を楽しむことにもつながります。

カフェはお客様がいらっしゃる場ですから、自分の気持ちが落ち込んでいても高ぶっていても、人に会わなくちゃなりません。それに最近は思いがけず（笑）忙しいので、厨房の中でかなり集中して（そうは見えないかもしれませんが……）動いています。それが私にとっては大切なんだと思います。

先に言ってくださった「空気」になれる場なのかな？ 自分をリセットできるのかもしれませんね。カフェの「床」がしっかりしているので、誰が入っても揺るがない。でも柔軟だし、優しい場です。そこで私も自由にさせてもらっていますので。

まあ何より毎週楽しいんです。そして、出会いの場であり、挑戦の場であり、学ぶこともたくさんあります。私の軸の一つである臨床美術をみやの森カフェから知っていただいた方も多くいらっしゃいます。

親ごさんから子どもの悩みを聞くとき、大切にしていることはなんですか？

わが家もそうだったなぁとか、その部分はこうだったとか……現在進行中でもあるので、「そこ私も悩んでます！」と一緒にお話しするだけです。ただ、よく加藤さんが「お母さんが楽に」とおっしゃるんですが、これは本当に大切だと考えていて、私自身もそうありたいのです。「お母さんが楽に」が、伝わればよいなとは思っています。

いつも楽しそうにされていますよね

私が楽しんでカフェにいることが、私の役割かなと思っています。

みやの森カフェのパティシエ＆お客さん

深浦 舞
FUKAURA MAI

みやの森カフェへ行くとおいしいケーキがあります。調理を担当しているのは深浦さん。深浦さんには、カフェをやめたり戻ったりしていた時期があります。こういうとき、親切心によって、アドバイスをしたくなるかもしれません。しかし、加藤さんは「カフェは、いつでも戻って来れる場所」と言います。安心してつながるためには、安心できる場所が必要です。安心して心地よい距離感でのつながりは深浦さんにどんな変化を起こしたのでしょうか。

（南雲）

深浦さんに聞きました。

深浦さんについて聞かせてください

私は、二十一歳のときにうつ病と診断されました。生きる気力をなくして、ＯＤ（オーバードース・薬の過剰摂取、過量服薬）を二回しました。その度、親はどんどん過剰に干渉するようになりました。私の家は、父、母、姉、兄、私、中学生から二十代前半まで父方の祖母も同居していました。

性格としては、小さいころから親の顔色を伺ったり、機嫌をとったりしていたことはありました。それが、「共依存」と呼ばれるものだったかはわかりませんが、よい意味でも悪い意味でもつながりは深かった気がします。心配からくるものだし、そうさせてしまったのも自分だと思っています。後悔ばかりです。

その苦しみはどこから出てきたものなのでしょうか？

生きていくうちの苦しみは、ほとんどが人間関係だったように思います。中学二年生で不登校になり、その後、定時制の高校へ進学し、京都にある製菓の専門学校へ入学するも、約三カ月で自主退学しました。

不登校になったときは、周りが怖かったです。行動一つする度に、何か悪口を言われているんじゃないかと思っていました。あの、窮屈な狭い教室に入ることが怖かったです。実際に言われていたかはわからないですが、たいがいのことは言われていないと思います。被害妄想的な感じがとても強かったと思います。

今はそんなふうに感じなくなりました。逆に、誰になんと思われようと「まぁ、いっか」と思うようになりました。

自主退学すると決めたとき、ご両親は何かおっしゃっていましたか？

もちろん、心配はされましたけど、「せっかく県外に行ったんだから、もっと楽し深浦さんに聞きました。

めばいいのに」と言われた記憶はあります。

京都にいたときは、もう人間不信でした。教室にいるのが苦痛で苦痛で仕方なく、外を歩いていてもみんなが私を見て悪口を言っているにちがいないと思っていました。神経がとっても過敏になっていたんだなぁと思っています。元気はなかったと思います。このときは、まだ薬も飲んでいませんでした。

富山に戻ってからは、どのように過ごされていたのですか？

富山に来てからも、すぐには精神科も受診していませんでしたが、カウンセリングだけは自分の意思で受けていました。

富山へ帰り、たまたまハローワークで見つけた洋菓子屋さんへ、十八歳で就職しました。この職場でも、最初のうちはなかなか馴染めずやめたいとばかり考えていました。しかし、オーナーさんをはじめとてもよい方ばかりで徐々に打ち解け、三年勤めました。今は、オーナーさんともうつながりはありません。とても迷惑をかけたと思っているので、合わす顔がないと思っています。一度そのお店をやめて、ちがうところで働いて、またそのお店に雇ってもらったんです。二度目にやめるときが迷惑をかけたと思っています。

その後、転職しました。転職した先の人間関係に馴染めず、毎日が苦痛で仕方ありませんでした。そのうち、自傷行為もはじまり、精神科の病院に行き、うつ病と診断され、薬を飲みはじめました。専門学校を自主退学したときが十八歳、その後就職して二十三か、二十四歳のときでした。

最初に行った病院は、自分で探した病院と友人が探してくれた病院が一緒だったので、その病院に行きました。その友人とは、そのときはなんでも話して頼っていましたが、今は連絡をとっていません。現在は、精神安定の薬と睡眠導入剤を飲んでいます。

精神科で処方されるお薬は、心身の安定につながっていますか？

深浦さんに聞きました。

薬を飲んで、効いているなって思ったことは正直ないです。落ち込んでいるときに飲んでも、劇的に気分が上がるとかでもないですし、飲んだという行為で落ち着いているのかなぁと思っています。飲んだんだから大丈夫みたいな。副作用は、手が少し震えますね。

自分にむちを打つような形で自分を傷つけていたのでしょうか？

私の場合、リスカ（リストカット・刃物などで主に手首を傷つける自傷行為）ではなく、タバコを押し付けるタイプだったので血を見てはいません。正直、切るのは怖くてできませんでした。タバコでするときは、自分への制裁……お前はダメだみたいな感じの戒めでした。そのとき、気持ちはスッと楽になっていました。

今でも痕が残っていて、後悔しています。現在の仕事などに支障はないですが、「この痕どうしたの?」って聞かれると、どうにも言えなくてとても困ってしまいます。困ったら抱え込む体質というか、頭の中がパニックになりますね。でも、たくさんの方に出会って、吐き出すということを学びました。些細なことでもなんでもかんでも吐き出させてもらっているのは、今のカウンセラーさんです。本当に感謝です。

「みやの森カフェ」は、どうやって知ったのですか？

私のカウンセラーさんが、さくらカフェのお客さんとして加藤さんとお知り合いで、カウンセラーさんから、「加藤さんという人が、砺波でカフェを開くそう、そこでケーキを焼いてくれる人を探している」というお話をしてくれました。そこではじめて、加藤さん、さくらカフェ（フリースクール運営）という存在を知りました。そして、私はさくらカフェへ家で焼いたシフォンケーキを持って行きました。

勤めながら、「みやの森カフェ」へ通っていたのでしょうか？

結局、転職した職場は一年半で退職して、そのころは休養期間に入っていました。そして、徐々に回復してきたころ、加藤さんとの出会いがありました。

みやの森カフェで、たくさんのよい出会いがありました。しかし、気持ちの波が強く何度もカフェをやめては戻るをくり返しました。それでも、加藤さんは受け入れてくれました。「ここは、いつでも戻って来られる場所」、加藤さんは、よくそう言います。

今も交流はそのままですが、A型事業所（通常の企業に就職することが困難な障がい者に提供される支援事業所。契約社員として雇用契約を締結し最低賃金の給与が保証される）で、訓練を積みながら、就職に向けてがんばっています。

たくさんの出会いが、私の「生きる」を楽にしてくれました。

「いつでも戻ってきていいよ」って、なかなか言えないと思うんです

最近、そのことばのありがたさがわかってきた感じです。みやの森カフェでは、いつ戻ってきても、素っ気なくされたり怒られたりしないことがわかってきました。最初、「いい場所だなぁ」程度にしか正直思っていなかったですね、自分にとってただの都合のよい場所みたいな感覚でした。

今は、とっても大切な場所だと思えているので、帰れる場所があると思えて心は楽です。今となってはなくてはならない居場所です。はじめのうちというか、最近まで

大切さをわかっていなかったですけど……。

今でも、カウンセラーさんとはつながっていますか？

今でも、もちろんつながっています。とてもとても感謝しているし、私にはいなくてはならない存在です。「どんな舞ちゃんでもいいんだよ」って、言ってくれたことばを、不安になったときにいつも思い出しています。

中学校のとき、スクールカウンセラーで来ていたカウンセラーさんに、二十代前半まではカウンセリングをしてもらっていました。その方が、家庭の事情でカウンセリング業をやめるからと言うので、今のカウンセラーさんを紹介してもらったのがはじまりです。

心の声の人形があると聞きましたが？

私は、「これがやりたい！」に「してはいけない」が覆いかぶさってきて、心の中が混沌状態になり、二人の人が自分の中でケンカしている状態になってしまうことがあります。そんなときに水野カオルさんが、人形劇のような形を勧めてくれて、人形をつくりました。

くだらないことはけっこうすぐ思いつくし、イメージできてしまいます。「やりたい君」、「闇の助」、「闇太郎」です。まだつくっていませんが、「とめる君」もいます。「闇の助」は、ぽんっと生まれてしまった心の闇。「闇太郎」は、やりたい君などを

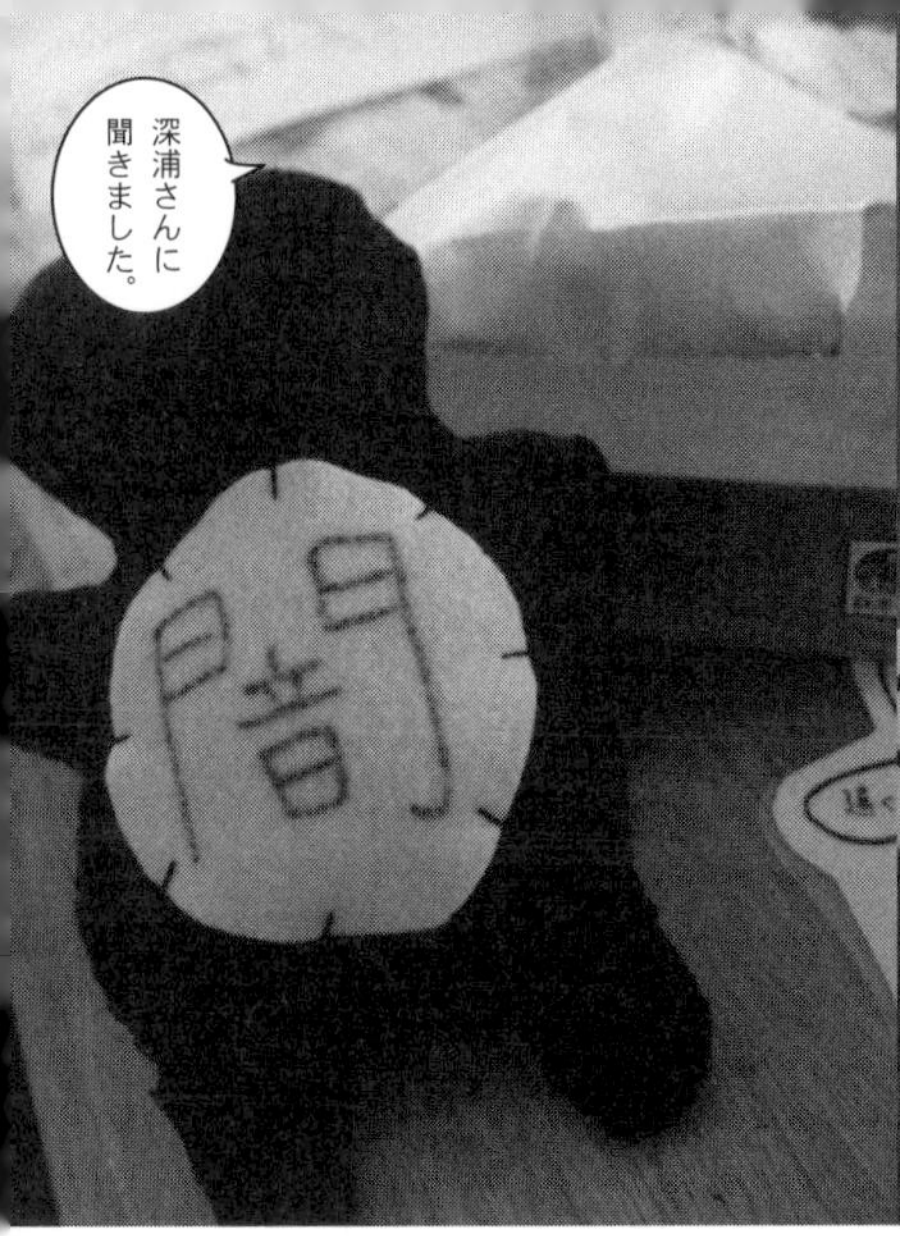

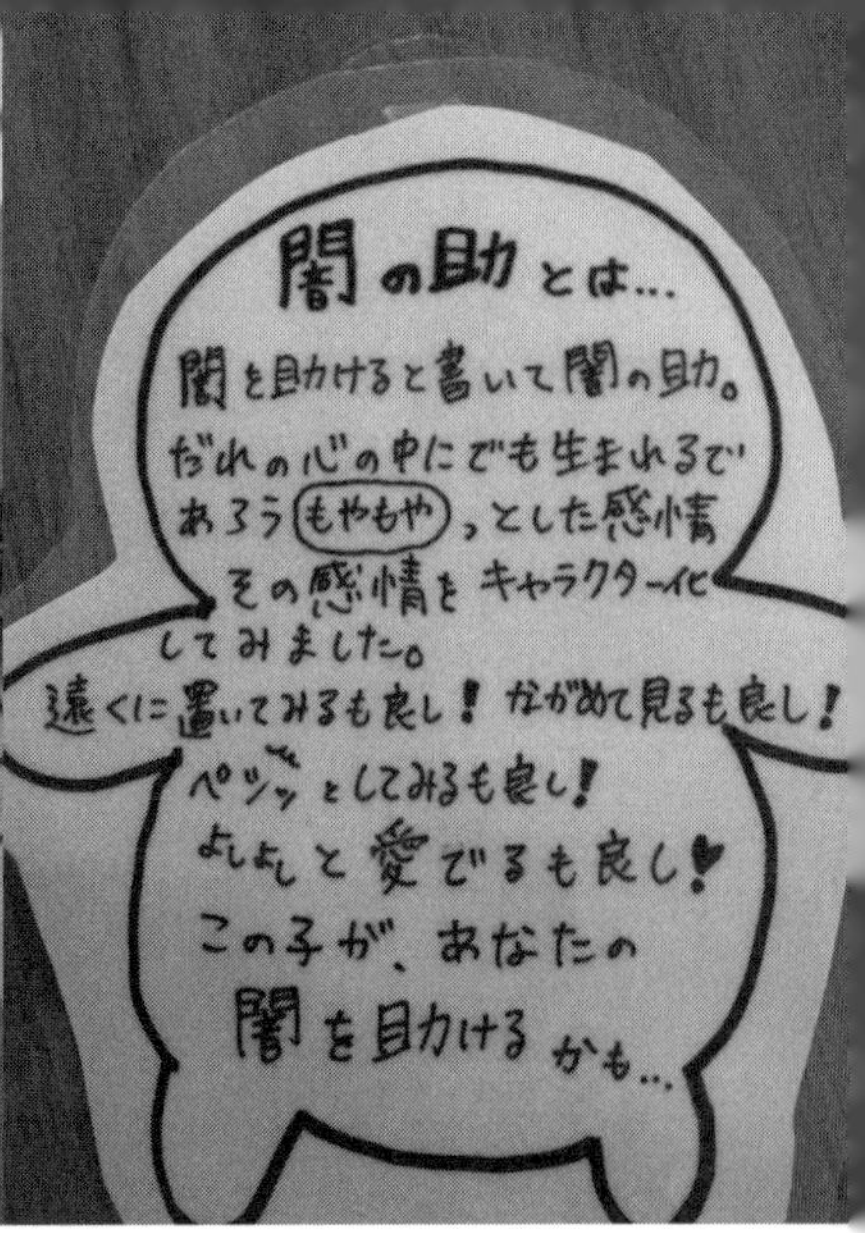

覆いかぶさって包み込んでしまう闇のタイプです。たまに出して、話題にしています。

気持ちの波の浮き沈みは、人に見せないようにしていますか？

本当は見せないほうが絶対にいいと思っていますが、しかし、私は表に出てしまうので、とても心配されます。けっこう、誰の前でも出てしまいます。出るというより、もう暗さが滲み出ているのでどうしようもありません。

みやの森カフェの人たちは、なぜか私が

落ち込んでいて元気がないと、笑います。笑われます。人生でない経験です（笑）。でも、笑われるとなんか気持ちが楽になるんですよね。

「みやの森カフェ」で調理をする中で、変化してきたことはありましたか？

もちろん、お客さんとのつながりはとても大きいです。大切なありがたい出会いだと思っています。

「人は嫌い、人は苦手」と、ずっと思ってきました。でも、みやの森カフェ、加藤さんが、この場所をつくってくれて、ボランティアをはじめて、いろいろな人と出会い、いろいろな人が私のことを知り、名前を呼んでくれるようになりました。人とのつながりって大切なんだと、思えるようになりました。カフェでの私は、聞き役がほとんどです。しゃべるのは苦手なので……話せることは、お菓子のこととかですかね。

みやの森カフェからはじまって、高岡市にある「ひとのま」などなど、いろいろな

ところにかかわれて、世界が広がって人に興味は出てきました。

今でも消えてなくなりたいと考えることはありますか？

正直、生きることに執着はありません。ずっと死にたかった。消えたかった。最近、友だちに死生観について何気なく聞いたとき「『生きている』んじゃなくて『生かされている』んだよ」と言われ、なんだか心にストンときました。二十九歳にして「生きる」ということの考えが、やっとちょっと変わりました。まだまだ、よちよち歩きです。本当に最近、「生きているのも楽しいかも」と思えるようになりました。まだ、波はありますが。

単純に楽しいときとか嬉しいときにそう感じます。つらいときは思えません。とにかく気分が落ち込んで、笑わなくなり、部屋に閉じこもり、ご飯を食べられなくなり、死にたくなります。

けっこうすぐに死に向かうタイプの思考です。まだまだ、思考の改善が必要です。何かあったときが、それが大半かなぁ。でも、ふと「なんで生きていなきゃいけないのかなぁ」と思ったりしたら、だんだん死にたくなるときもあります。でも、そのときも何かを思い出していたりするので、キッカケはあるんだと思います。

将来の目標があったら教えてください

「将来自分のカフェを開きたい」。これは、ずっと心にあります。でも、何十年後か

もしれません。私の目標は、「ゆっくりゆっくり、あせらずのんびりいこう」ということで、ゆっくり成長していきたいと思います。

それと、まずは自立することです。みやの森カフェなどとのつながりが、自立につながっていく実感はあります。つながりから、新しいつながりが生まれたりしてどんどん世界が広がっていって自分を助けてくれています。

私の自立の目標は高いですよー。自分にかかるお金を全部自分でまかなって、親に頼らず、心配もかけず、逆に家にお金を入れられるぐらい、または、一人暮らしを問題なくする。そして、結婚して子どもを親に見せられたら合格かな〜。と言ってみたものの、ふつうのことばっかりなんですけどねぇ。今の私には、ハードル高いです。

家族はどう受け止めていますか？

家族は、応援してくれています。私の性格や状況もわかってくれているので、とても心配はしていますが、私の本音としては、家族との関係は良好だと思っていませんでした。うわべだけだと思っていました。だから、ぶつかり合ったことはありません。最近学んだことばで言うと、「共依存」かな？ と思ったりしました。たぶん本音は言いません。

家族とは本気でぶつかりません。ぶつかりたくありません。親子共々、顔色を伺い本音を言いませんし、言えません。そう思っているのは家族の中で私だけかもしれま

せんが。

この間、「富山ダルク」のみなさんのお話を聞く機会があって、そのとき、「共依存」という話を聞き、なんだか、近い感じがするな、と思いました。

「共依存」というのは、もどかしい印象がありますが

とにかく、家族には気をつかいます。近い存在だからこそよい関係、笑顔の関係でいないといけないという気持ちが今もすごく強いんです。昔から、家族とはうまく距離感がつかめません。でも、最近共依存ではなく、ただ単にとっても心配されているんだな、と思うようになりました。それが窮屈に感じてしまうことがありますが（汗）。でも、逆にとってもとっても大切に私を思ってくれているんだなとも思えるようになりました。そんな家族に感謝しています。

加藤さんは、逆に私とうまく距離をとってくれているのが、私自身わかるようになりました。家族とは、心地よい距離感になることが理想です。

家族の中に自分の居場所があると感じていますか？

私の中で、これをしたから自分の存在オッケーと思うものさしができていて、家は両親がお店をやっていて忙しいので、家のこと、夜ご飯をつくるとか、洗い物をする、洗濯を干すなど、何かをしないと、自分の存在に「いてもいいよ」が出せなくて。一人で勝手に肩身が狭い思いをしていたりします。

居場所を家族は存分に与えてくれているけど、自分がうまく飲み込めていないというか、むしろ、ゴーイングマイウェイで、自立したい願望がありますね。

自立するのに必要なのは、強さですかね。苦しいことやつらいこともひっくるめて背負っていくという強さだと思います。

家族とはどのような存在ですか？

どんな存在かぁ。一番の味方かなぁ。ありがとう。のんびり生きていきます。これからもよろしく！

みやの森カフェの台湾からのお客さん

五十嵐 祐紀子
IGARASHI YUKIKO

みやの森カフェに魅了され、その存在を紹介したくて、加藤さんや水野さんを台湾の講演会へ招待した五十嵐さん。人とのつながりは、自分で掴みにいくものであり、多大な努力が必要だと考えていました。しかし、不思議なことにカフェでは、関心をもっている人たちと出会うことができました。奇跡のようだけど、みやの森カフェではありふれた光景です。

そこで出会ったみなさんには、ある共通点がありました。五十嵐さんが見つけた共通点はどのようなものなのでしょうか。

（南雲）

五十嵐さんに
聞きました。

みやの森カフェの魅力ってなんでしょう？

みやの森カフェの魅力の一つは、はじめて訪れた人でも、どのような属性でも、いちいち自分は誰でどんな人物かを説明しなくても、受け入れられるところだと思います。

私や台湾で長年外国人をしている「いわゆる先進国」から来た人は、新しい出会いがある度に「自分は何者か」を説明しなければなりません。「なぜ台湾に来たのか」「日本のどこに住んでいたのか」「結婚しているのか」「台湾のどこが気に入ったのか」など、どこに行っても、誰と知り合っても同じような質問を矢継ぎ早に問われるのです。台湾人の医師の夫と結婚してからは、「医師夫人」という身分のほうが「日本人」より前面に出るので、結婚後はみんな手加減してくれるようになりました。

東京でも、「自分は何者か」「自分はこの空間に出入りする資格があるか」ということをみんなに証明しないと入れない空間ばかりでした。東京、台北で、常に自分が今この場にいることの正当性を証明しなければならなかったので、私は研究のついでにずっと自分が受け入れられる場所、とどまることを許される場所を探していました。研究を続けているうちに、自分がとどまれる場所は探し当てるものではなく、自分が多大な努力と犠牲を払ってつくり出さなければならないものだと悟りました。つくったあとも、維持するために引き続き努力することが必要だということもわかりました。

みやの森カフェが魅力的なのは、自分が何者なのかを、「ここにとどまる資格があることをある特定のやり方で証明する必要がない」というところ、でも、自分のことを話したかったら話してもよくて、しかもたまたま居合わせた人が、私の話に驚かず、興味本位ではなく聞いてくれるところかなあと思います。

素のままの自分でいると、共通の関心をもつ知り合いが次々とカフェに現れ、おしゃべりをし、再会を約束する……こういう空間ってなかなかないと思います。

カフェの役割ってなんだと思いますか？

五十嵐さんに聞きました。

何かの記事で、「人口が減った過疎化の村でも、戸籍上の人口は少なくても【関係人口】が豊かであれば、豊かさを感じながら生活することができる」という話を読みました。

四六時中一緒に暮らしていなくても、ちょっと距離の離れたところに住んでいても、年齢や性別、国籍、心身の状況など様々な属性が異なっていても、フラットな関係で困ったときはお互い様で助け合えるような人が多ければ多いほど、私たちの生活は豊かになります。みやの森カフェが、全国展開しているカフェや一般的な消費空間としてのカフェとちがうところの一つは、カフェという空間で「関係人口」を増やせるかどうか、ということではないかと思いました。例えば、私はみやの森カフェに三回行っただけで、たくさんの知り合いができ、私がかかわる台湾の研究プロジェクトの視察旅行も企画、実行することができました。

みやの森カフェではどんな出会いがあったのですか？

私がこの数年関心をもってきたのは、子育て、介護、ご飯づくり、パンづくり、発酵、食品安全、大気汚染、放射能汚染、自然農法、遺伝子組み換え、残留農薬、水や土壌の重金属汚染、古民家活用、伝統的な街並みの保存、空間とジェンダーの問題などなど、どれをとってもお金儲けにはつながらないものばかり。そしてどれも専門を極めるというのではなく、一人の母親、おばさん、生活者レベルで関心をもっているだけで、いつも母親からは「どれも中途半端でダメだ」と叱られていました。

自分でもお金は稼がないわ、専門は極められないわのダメダメ人間だと思っていましたし、それぞれのテーマについて学んだり情報交換をするためには、それぞれの専門家やその道に詳しい人に別々にアクセスしなければなりませんでした。

それが、みやの森カフェに三回行き、数時間滞在しただけで、私が関心をもってい

るほぼ全ての分野の第一線の実践者と出会え、おしゃべりができ、再会を約束することができたのです！

ここでは、あたりまえのように私の出会いたい人、知りたい情報が集まっているのです。もちろんそれだけではなく、これまで私が全く思いつかなかったことを実践している人たちにも次々と出会えました。

このような経験は生まれてはじめてで、非常に驚きました。このような出会いは、一般的なカフェでは起こり得ないと思います。

出会った人たちはどんな人たちでしたか？

私がみやの森カフェを通じて知り合ったみなさんは、いずれも「毎日ご飯をつくる人」でした。この「毎日ご飯をつくる人」たちが取り組んでいることは様々です。障がい者が働くカフェと特別支援学校の学童保育、生活支援サポートハウス、災害被災者や難民を支援する組織、コミュニティカフェ＋ホームホスピス、子育て支援サービスのあるレストラン、リセットご飯を提供するレストラン、百二十枚の棚田を有する循環型農場、自ら栽培した古代麦でパンづくり、古い蔵を改造したバー、自宅の一部を開放したコミュニティスペース……などなど、出会った方たちの関心の対象は多岐にわたります。

全ての方に共通しているのは、「どんなに忙しいときにもご飯をつくってきた」「おいしいご飯をつくってたくさんの人に食べさせることができる」ということです。

「ご飯をつくる人」の共通のものとは？

みやの森カフェの加藤さんや水野さん、そしてお二人を通じて知り合った素晴らしい実践をしている方々とお話しし、私に毎日真剣にご飯をつくる決心をさせた二人の息子と、周囲に嫌がられながらも食材や調味料にこだわって三食とおやつをつくってきた自分に心から感謝しました。

もし、私が日本にいたときのように「台所から解放されること＝成功」、「男性と同じ職場で、同じルールの中で勝ち残る＝成功」と信じ続けていたら、今回の出会いはなかったと思うのです。

私は、外国人になって十三年、食材や調味料に気を配り、家族の体調や情緒の変化を観察しながら食事内容を調整するようになり七年経ちました。子育てをしながら真剣にご飯をつくることは、視野を広げることになると実感しました。それから、他人の話を聞く態度も大きく変化しました。

外国人になってからの私は、「この私の目の前で話している人は、私に何か伝えたいメッセージがあるのか、あるとすればそれは何か」ということに集中して話を聞いていて、どんなに地位の高い人、権威のある人のお話でも、私に向けたメッセージがない場合は聞くのをやめました。

それが、真剣にご飯をつくるようになってからは、いつも「この人はご飯を毎日つくっているのか」ということを基準に相手の話に耳を傾けるか否かを判断するようになりました。

そして、ご飯を毎日つくっていなくても、常に自分の手で何かをつくっている人は

共通の雰囲気があり、「同志だ」と感じることにも気づきました。でも、なかなかこの感覚を理解してもらえる人に出会えませんでした。

それが、みやの森カフェにほんの数回行っただけでも、安心な食材や調味料を使って、ご飯をつくってみんなで一緒に食べることの大切さを理解し、各分野で素晴らしい実践をしている人たちに出会って、自分がこの数年間感じてきたことは間ちがっていなかったのだと思えました。それはとても嬉しい経験でした。

富山に滞在したあと、何か変化はありましたか？

富山での長期滞在を終え台湾に戻ったあと、私たち家族と子どもの同級生の芸術家一家の二家族で、アミ族という台湾の原住民が多く住む僻《へき》地の都蘭《ドウラン》村で、有名な民宿だった建物を借り受けて住みはじめました。一緒にご飯をつくり、一緒に食べ、子どもたちの送迎や両親の外出時の子どもの世話、家電製品、おもちゃや絵本の共用をする実験的な生活をしています。

私たちが民宿だった建物に移り住んだのとほぼ同時に、村内で農薬店を営んでいる子どもの同級生の家が約千坪の農地を無償で私たちに貸してくれることになりました。三人のママもその六人の子どもたちも、農業はほぼ未経験。土地を耕し、畝《うね》をつくってくれたのは村内の農園で働く若い男性、それにパーマカルチャー（恒久的持続可能な環境をつくり出すためのデザイン体系）を学んだ解剖学専門の元大学教授と、植物のスペ

シャリストの元高校の先生などが私たちの指導をしてくださり、台湾各地でパーマカルチャーを本格的に学んだ女性がお手伝いしてくれることにもなりました。近所のおじさんおばさんたちも様子を見にきてくれます。

一緒にご飯を食べる基本メンバーは八人ですが、夫のクリニックでボランティアをしているご近所の方や、畑仕事を手伝ってくれるボランティアの方々など、随時一緒に食事をする人数が増えます。多いときには二十人以上になることも。私一人では対応できなくても、三人のママさんが三つの厨房で分担して料理をするので、大人数になっても楽しく食事をすることができます。

この取り組みに参与する人はいずれもボランティアです。三歳から六十代の元教授、元企業家まで、世代、専門性、信仰、心身の状態など様々な差異を超えて同じ農地で一緒に農作業をすることは、子どもたちの成長にとってプラスになるだけでなく、私たち大人たちも都市の生活では経験できなかったコミュニケーションのあり方を体験できるのです。

最後に、五十嵐さんがこれから目指すものはなんですか？

これからこの農地で子どもやおじさんおばさんたちと取り組む予定なのは、小さなエコトイレの建設です。また、同時進行で、引越しで出た不用品を元手として、子どもたちと一緒に村内に小さなリサイクルショップの開業を計画しています。六人の子どもたちがチームとしてもっとパワーアップしたら、キッズカフェもやってみたいと

思っています。

　小さなことでも、みんなで時間をかけて話し合って決め、決まったことに対してみんなで責任をもって取り組むこと、できる範囲で物々交換、物と労働の交換の生活に占める比率を高めること、みやの森カフェでの出会いを通じて、毎日ご飯をつくること、みんなで一緒にご飯を食べることの大切さを再確認した私は、村の仲間たちと子ども（を含む支援が必要な全ての人々）にとって必要不可欠な無償労働に、思いっきり取り組んでみようと思っています。

みやの森カフェの仲間

宮袋さんの著書
「バリアブレイク」（雲母書房）
絶讃発売中です！

宮袋 季美

MIYABUKURO TOSHIMI

加藤さんと水野さんが出会うきっかけをつくった、富山型デイサービス「ふらっと」の理事長である宮袋季美さん。このお二人が出会わなければ、現在のようなみやの森カフェは生まれなかったかもしれません。

三人は「当事者家族」ですが、それはつながるきっかけにすぎません。でも、互いに共通のものがあって、ことばにしなくてもわかり合える人がいるとホッとするんですよね。

宮袋さんが二人を引き合わせたいと考えたのは、どんな思いからだったのでしょうか。（南雲）

宮袋さんに聞きました。

加藤さんと水野さんを引き合わせたのは、宮袋さんなんですよね？

えりちゃん（加藤さん）は、根性がよくて変な人でもすぐ信用して、面倒くさいことに巻き込まれる。かおっちゃん（水野さん）は、苦労ばっかりしてきたからか、好き嫌いが激しい。二人ともいつも一匹狼で、ずーっとニアミスでした。何かにつけて報われていないっていうか……「もしかしたら、この二人が一緒に仕事したら、二人のやりたいことができあがってくるんじゃなかろうか」と、魔女のカンですね。根拠のない理屈で二人をセッティングして、今日に至っています。

加藤さんて、どんな人ですか？

えりちゃんとの付き合いは、えりちゃんの自宅でやっていたオープンハウス以来なので、二十年くらいです。別に何をするわけでもない、「ただしゃべる、ただ食べる」。

いろいろな人がいました。不登校の子とか、ややこしい人多かった。私もその一人です。

えりちゃんは、困ったときに話したくなる人。人の心はえぐらないよなあ。「自分が障がいのある子を産むわけがない」とか、「自分には、大きな不幸が起こるはずがない」、たいがいはそれで済む。えりちゃんは、昔から自分にそういうことが起こっても、身近に起きても、あんまりびびらない。「生きるってなんでもあるさ」的な腹のくくりができとるんよね。当時の私は、まだまだ。

特別な見方をしないと、障がいのある人みたいな社会的弱者と付き合えない人多いけど、えりちゃんは、人間としての見方をしてくれる。本当はあたりまえなんだけど、あたりまえのことを堂々とやれる人。

えりちゃんは、人の話聞いて同情しても、直接は役に立たないことを知っているから楽なんだよな。だから、酷い話も冷静にできる。私が落ち込んでいるときは、とりあえず「ごはん！」と思うみたい。「ちょっと話したい」って会うと、「まず食べよう」って、ごはんの話から入る。心にヒタヒタくるよ。子ども時代、いつも腹減ってたからね。

ただ、えりちゃんの肺がんがわかったときは、足元がガクガクしました。「受け入れられない」と思った。残酷な現実には、けっこう慣れてるんだけど……。

水野さんて、どんな人ですか？

かおっちゃんが長男の担任になって、本格的な付き合いになった感じ。彼女は、テクニシャンだな。教員上がりの腕と当事者家族だった経験が、グワングワン鳴り響く感じ！　で、頼りになります。できるし、母の心をグッと掴むことばを量産するし、ママたちの中で、「カオルファン」メチャクチャ多い。

顔に似合わずハッキリ言うから、嫉妬されることもよくあるみたいです。かおっちゃんが悩んで苦しんでいたら、かわいそうで愛しいなってね。私にとっては、たぶん娘ですわ、感覚的に。二歳しか歳変わらんのやけど。とにかく、かおっちゃんのことを悪く言うやつには文句を言ってしまう。かおっちゃんのお姉ちゃんが、ずーっと「ふらっと」を使ってたね。お母さんが白血病で亡くなられてからは、なおさら気分はカオルのママですわ。

お二人とはどんな関係ですか？

今、ベターっと張り付くような人間関係が増えているように感じてる。そういうのとは真逆な、距離感、感覚が二人にはあります。手はつないでないけど、並んで歩いとる感覚。私は、それが気持ちよいのかな、たぶん。

宮袋さんに聞きました。


二人は、凧の糸を手繰り寄せたり離したりして、眺めていてくれるというか……「眺めている」って、支援のカテゴリーに入るのかな？

意に反してあきらめなくちゃいけないとき、自分で選ぶ選択じゃないとき、人はわがままな、ごうまんなことを言ったり行動したり、そんな時間は絶対に必要なんだけど、それだけでは前に進めない。全肯定してもらわなくちゃ息ができないとき、「わかる、わかる」が必要。相手がやさぐれて、ストレスだらけで、傷ついて。心がシャットダウンしていても、笑顔でみんなに勇気と元気を渡せるのが、二人の尊敬できるところです。二人に最初に出会ったころの魔女は、やさぐれて、つっぱってたからね(笑)。

自己覚知っていうのかね。二人とも、自分に向き合って生きとるんです。この二人なら、助け合い、認め合い、許し合いし合ってやってくれるんじゃないかと思った節もありますわ。

それと、よくよく考えたら二人とも先生なんよね。自分でも、なんで先生と呼ばれる立場の二人となかよくしとるんかなぁと、不思議でして……大の苦手なんに(笑)。

二人とも先生らしくないんですよ。私に指導とかしたことないし。怖くてできんかな？（笑）。

お二人とは長いお付き合いですよね

二人とは長い付き合い。障がいのある息子がおる宮袋はある意味面倒くさい存在と思うんですけどね〜。

二人には、助けてもらっても、罪悪感とか嫉妬とかが不思議とわかないんです。障がいのある人に対して、私は産んでからの付き合いなので、いない世界からいる世界に移るのがしんどかった時期があったけど、二人はいる世界があたりまえらしい。

オーラが負に向かわない二人ですわ。その感覚は、逆に面白いし話していて発見とか気づきをくれるから、気持ちが逆方向に行くので楽になる。力が抜ける。

みやの森カフェには、どんなときに行くんですか？

頭の中が、遊びたいときです。この界隈の評判では、私、かなりのやり手みたいに言われていて……今は、利用者さんやらスタッフやら富山型やら、いっぱい背負ってしまっとるから、緊張というか気合いというか……対外的には常にアンテナ張っとる状態なんで、ニョロニョロしたいときあるもんで（笑）。

えりちゃんもかおっちゃんも、「待てる人」。二人は、放っとくのがうまいからね。

私はイタズラしても笑って終わりやし、いらんことしないから。みやの森では、私がぺちゃくちゃとやることを受け入れてくれて、気持ちよくさせてくれるんですわ。一番は、ふらっとの代表とか、障がい者の親とかで見てないね。中二病の宮袋季美として付き合ってくれとるね。だから、楽なんだろうな。ビシッと頼りになるときと、ゆるくつないでくれとるときのバランス、絶妙なんだわ。

当事者ゆうことば、南雲くん好きじゃない言うてた。カテゴリーでネーミングしてしまうと、カッチコチだもんね。「ゆるく絡みましょーねー。とーしーみーちゃーん！」そんな感じが、みやの森のよさなんやろうなー。なーんてね。

今後の宮袋さんは？

福祉のお仕事……考え込んでしまうことばかり。「障がいのある方やかかわる人は楽しんだらあかんの？」。この独り言的疑問に答えが見つからない……あいかわらず。

魔女の原風景は、お母さんが一生懸命働いて稼いだ金を競輪にもって行く父が酒ほしくて暴れて、それでも笑っている母親や、腹減ってチョコとってきたのに黙って見逃してくれた近所のお菓子屋のおばちゃんの情けや、悲しくてつらくて妹をおんぶしてたら、コマ回して笑わせてくれた大道芸人のお兄さんや……人生の半分以上過ぎた今になって振り返ると、そういうことが今の私の生き方を左右している。

　ふらっとに来ている区分六、区分五の最重度の障がいをもつ息子の仲間たちが、生き生きと笑ったり、怒ったり、泣いたりしている姿を原風景にして育つ子どもたちを、量産したい。

そしたら、相模原のやまゆりみたいな事件は起こらんのではないかと。介護サービスだけが福祉なんて、寂しいし言わせたくない。豊かさや幸せは、制度や法律だけでは無理よ！　成長も老化も障がいや病気も、生きるそのものだよね。

私は、「産んだ者として、日々感じていることをお伝えしていくのがミッション」と、自分に言い聞かせています。そこから出る言動や行動を、隠すより見せていきたいです。

今のふらっと、なぜか赤ちゃんと障がいのある方々が、一緒におる時間が増えてきているんです。赤ちゃんたちがどんな大人になるか、とても楽しみ。

えりちゃん、かおっちゃんと一緒に、気張らんと、ありのままでやっていきます。ユルイ気楽さがある居場所が、たくさんの幸せをつくる場所になりますように……。

3 みやの森カフェを語ろう

南雲 明彦
加藤 愛理子
五十嵐 祐紀子

自分は何者？

南雲明彦（以下南雲） 僕は、どこかで「よそ者」でありたい部分があるんですね。みやの森カフェは、「どこの誰だかよくわからないけど、まあいっか」、みたいなところあるじゃないですか。でも、不登校は不登校、引きこもりは引きこもり、発達障がいは発達障がいとか、ある程度わかれているところから「選べ」って言われることが多い。それって、すごく不自由な選択肢だと思うんです。結局人間は、同じような土俵にいると絶対比べ合っちゃうんですよね。でも、いろいろな人がいると比べられない。だけど、苦しいのは同じ。そこがわかり合えれば充分なのかなって思います。みやの森カフェは、何者でもなくても来れてしまうけど、ちゃんとルールはある。それは、「お客さん」であること。それだけですごくいい具合にカフェは回っていて、何よりも安心。安心って、意外にないじゃないですか。みやの森カフェは、今までにありそうでなかった場所だなって思います。

加藤愛理子（以下加藤） キーワードはほんとに食べ物。「食べる」ってことさえしたいと思ったら「来れる」って感じはありますね。そうか、そういうふうに言われると、ほんと何も考えないでみんな来てるな。

南雲　僕もいまだにそうですけど、「何してる人なんですか?」って言われると、あんまり「こうしてます」って言いたくないというか、言うとイメージがすぐにイコールになって、決めつけられてしまう不自由さも感じたりします。

加藤　五十嵐さんがよく、「私は主婦です、主婦です」って一生懸命に言ってますよね。

五十嵐祐紀子（以下五十嵐）　台湾は日本のことに関心をもっている人が多いので、いろいろ聞かれるんですよ。知らないっていうようなこともいっぱい聞かれる。多数派の人は、名前すら言う必要がないのに、私はそのコミュニティに受け入れてもらうために、ものすごい労力を使わなければいけない。問いかける人たちは、自分がいるのはあたりまえだと思っているし、いる権利があると思っている。それは、やっぱり「よそ者」であるっていうことだと思うんだけど。自分はそれで大変な思いをしたから、人にそういう思いをさせる側にはならないようにしようっていうのがあります。だから、結婚して「主婦です」って強調できるようになって、すごく楽になった。でも、例えば私が原稿を書くと「肩書きどうされますか？」って聞かれるんです。「主婦でもいいよ」って言うと、「いや、きちんと専門性を前面に打ち出して文章を発表したほうがいい」って、好意で言ってくださるんですけど、「いいって、主婦で」って（笑）。面倒くさいというか、あえてそういう説明したくないの、いっぱい説明してきたから。

加藤　でも、相手に「え？」とかって言われない？

五十嵐　みんなびっくりしてる。でもその反応が面白いんです。そうすると肩書きだけにこだわったり、社会的地位が高い人とだけ一緒にいたい人は、みんな去っていく。それも一種のふるいですよね。それでも私としゃべる人は残るし。

南雲　僕も同じようなことをしています。最初に「発達障がいにかかわる講演をしている」と伝えるとそのイメージがあるし、そのちがいを説明するのは面倒なところがある。自分が何者でもないと感じていたどこにも属さない時間に、ふつうに接してくれた人がいました。その人たちは、簡単に人をふるいにかけたりしませんでしたね。

加藤　なるほど。私、年のせいなのかな、ふるいも必要なくって（笑）。聞かれもしないし。「あなた何者」ってどういう場面で聞かれるんだろう。年取るとあんまり聞かれなくなるの。

五十嵐　確かにそうかもしれない。「こうすべき」って言われがちな年齢なのかな。

加藤　そうかもね、いろいろなボランティアみたいなことをずーっとやってきて、「なぜそんなことをやってるの？」って聞かれるときに、「きょうだいに障がいのある人がいるから」って言うと、みんなそれだけでだまるんですよ。面倒くさくなるとそれを言ってたな。

南雲　医師から、「○○障がいです」って言われて、それを言うだけで周りが全然変わることもあるんですよ。でも、すぐに自分は変わらない。じゃあ、自分自身ってなんなんだろうって。障がいとなんらかのかかわりがあっても、それが全てではないと思うんです。肩書きが何もない状態でもつながり続けることができると理想なのでしょうけれど、肩書きによって信用される部分もあるし、安心して付き合ってもいい人だと認識されることがあります。でも、肩書きによって周囲の人たちの態度が明らかに変わるのは、不自然な気もします。何もないほうが逆にいいと思う反面、社会の中で自分の存在を示していくには、名刺のようなものがないと不自由な部分がありますね。

加藤　きっと、みんな「わかりやすい」と安心なんでしょうね。でも、環境によって生きづらさを感じるってけっこうあるような気はしますよね。日本の学校の中で生きづらさを感じている人が、もしかすると台湾に行ったら感じない場合もあるしね。

五十嵐　とりあえず、場所を変えてみたらいろいろちがうものが見えるかなーって。例えば、私小学校のときうまく泳げなくて、小学生ながらにもう自殺したいとか思っていたんだけど、台湾に留学したら周りの友だち誰も泳げない、泳げないことを恥ずかしいと思っていない。ある社会ではできないといたたまれないって思うようなことが、別の社会に行くと、それができなくて何か人生に問題ありますかって。

加藤　ここでは絶対にそうだってていうものが、別の世界ではそうではなくて。

五十嵐　「別の世界ではその基準は絶対じゃない」っていうことを教えてくれる人が周りにいたら、もっと楽だったのになーと思います。

加藤　みんな一回、よそ者になればいいんだよね。

五十嵐　よそ者のススメ（笑）。とりあえず出ちゃう。

アドバイス

五十嵐　東京の女子高生とおしゃべりしていたときに、「外に出ようっていう発想が全くできない」って言われたんです。あまりにも未来に不安があって、今ある、この手元にある限られたリソースを必死で守る。それで必死で守って、そこそこ物質的に困窮をしていないわけです。そこそこお友だちもいて、そこそこの生活ができるけど、将来には不安があって、「海外に出てみるとかの発想をもつチャンスはない」って。

加藤　さらに、今あるリソースを否定する子もいますからね。今、自分にあるものを見ない。全部ダメって言うんですよ。自分にはなーんにもないって、でもあるじゃないって言っても、それはもう認めないから。それで、将来が「不安だ、不安だ」って言ってる。だから、「今あるものをちゃんと何があるか見ようよ」って言っても、それができない人もいる。

南雲　今すぐに答えを出さないと不安でしょうがないという感覚が強くなってきたのは、インターネットでいろいろと検索できるようになってからですよね。迷ったら自分の頭で考えるのではなく、すぐに検索する。そうすると「自分の判断より、周りの誰かの判断が正確」と、錯覚を起こしてしまいます。それと同じように、いろいろな場所に相談しに行って答えを求めても、合っているかわからないからまた不安になり、さらにアドバイスをもらいに行く、という堂々めぐりになります。無駄とは言いきれないですけど、もっとちがうアプローチがある気がします。みやの森カフェは、「こうしたほうがいいんじゃない」ってアドバイスがあるわけじゃないんだけど、なんとなく自分っていうものを感じることができて、「あ、これでいいんだ」と見えてくるものがある。それはすごいアプローチだと思うんです。

加藤　とりあえずこのカフェの中の空間で、「ふつうにお客さんしててくれたらいいわ」って思う。アドバイスとかあんまりしなくてかなり無責任だと思うんですけどね（笑）。この空間の中で私と関係が結べれば、「他の人との関係ってこうやって結べばいいんだ」と思ってくれたらいいかな。

場の力

五十嵐　みやの森カフェは、生態系が豊富ですよね。そんなに大きな空間ではないのに、子どもは子どもで自由自在にやっていて、こちらでは誰か大人がしゃべっていて、こちらでは皿洗いたい人が皿洗って。いろいろな人がそれぞれ自由自在に。それでいて、なんとなく全体として秩序はある。面白いのは、絶対願いが叶う神社みたいな場所だということ。私は、関心の方向性がけっこうバラバラで、医療介護のお友だち、農業のお友だち、料理仲間は料理仲間、それぞれが別々の仲間なんです。自分でも、「方向性がないなー」っていうか、「関心が散漫だなー」って思っていたのが、みやの森カフェに来て、例えば、「私、ちょっと農業に関心が……」って言うとやってる人が突然現れ、「私ちょっと在宅医療が……」って言うと専門の先生がいたり、ここに来ると、私の中ではバラバラな関心が、「関心ありまーす」って言うと、その人たちが勝手に来てる。

加藤　それはあるんですよねー、ほんとに不思議に。私の中には「これに関心がありますから、これがんばります」ってあんまりないんだけど、関心のある人に関心はあるんですよ。「おーすごいなー」って。

五十嵐　とりあえず、関心があること言っちゃおうって思うんですよ。言っちゃうと勝手に会いたい人が来てくれる。そういう場所って今まで経験したことなくて。

南雲　願いが叶う神社のようなカフェ。会いたい人に会える不思議な場所。場の力と人の力がタッグを組むと大きな力が生まれますね。

加藤　でも、五十嵐さんはすごいですよ。あのごちゃごちゃのときにランチ食べただけで、それを感じてくれるっていう。

五十嵐　それはね、夫にも言われたんですよ。私が夫に「みやの森カフェは神社みたい、なんでも願いをことばにすればそういう人が来ちゃう」って言ったら、「それは、やっぱり自分がそういう願いをもっている人だから、出会えるんじゃないの」って。でも、普段はそういう願いがあってもそういう人が勝手に来てくれることとかはないから、やっぱりそれは場の力なんじゃないかなーって思いますね。

不思議

南雲　みやの森カフェが不思議なのは、いろいろ聞かれたり質問をされて、嫌がる人ってここで見たことがないんですよ。「ああ、これはさー」とか、気軽に答えてくれるじゃないですか。僕も聞かれても、お互いが全然なんとも思わない、なんか「まいっか」みたいに。

五十嵐　そうそう、そうなんですよ。いろいろ聞かれると、試されてるっていうか値踏みされてるって感じを受けるけど、ここだとそういう感じがしない。

加藤　ほんとにこんなところで、みんなよく自分の悩みを話してくれる。

南雲　けっこうディープなものもありますからね。

五十嵐　私皿洗いしながらびっくりします。こっちでふつうに子どもが遊んでるし、こっちで泣いてる人がいる。

南雲　画的にはすごいですよね。

加藤　そう、それで泣いてる人は放ったらかしにしてる（笑）。

五十嵐　でもそこで私は、やっぱり皿洗いしてればいいやって（笑）。

加藤　放ったらかしにされていた人が、「泣いてただけでは、誰も話しかけてくれないことがわかりました」ってね。ここで悩みを話す人は、ほんとにオープンですね。しゃべっていて、「周りいますけど、いいんですか?」って言ったら、「いいんです、いいんですー」って。それで、「あの人も同じですよ」って言ったら、「そうなんですよー」って、新しく来た人がつながったりしていく。ここでは、「悩みをオープンにするって、人とつながるチャンスがある」っていうことを、けっこうわかってもらっているかな。

五十嵐　それ、日本ではすごいありがたいことのような気がするんですけど。

南雲　悩みをオープンにすることが大事なのはわかっていても、みやの森カフェのように開かれた場所ではなく、どちらかと言えば、閉じた場所で悩みを語り合うことのほうが多いですよね。もちろんその場のよさもあるんだけど、同じ人たちとばかり固まっていると、考えも凝り固まってしまうことがあるから、どこかその集まりには不自然さが出てきます。みやの森カフェは、常に新しい場所として進化し続けている印象があります。

加藤　ここには、そんなふうに「同じ人たちとばかり固まってちゃいけないんだ」っていうことがわかる人が来てくれる。最初のころ、福祉関係の人が何人か来たんですよ、「自分たちもこんな場を開きたい」と。まず聞かれるのが、「採算はどうなっているか？」って。「成り立たないと思いますよ」って言ったら、即帰る。「つながりましょう」って言う人が、ほんとうにいなくて。福祉って、けっこうそれぞれの中で完結するんですよね。

南雲　今、いろいろな分野との連携が重要だと言われていますけれど、業務連絡などだけではなく、もっと発展性があるようなつながりであるといいですよね。

加藤　最近は、福祉関係の人でも、「これは面白いねー！」って言ってくれる人たちと出会いはじめています。福祉関係に限らず教育関係や医療関係とも、個人と個人でつながることができると面白いですね。知らなかった福祉のことを私たちも聞きながら、「じゃあ、これはこんなふうにできるね」と思える。そんなつながりの中から、新しいことがはじまりかけているのが嬉しいですね。

みやの森カフェを語ろう。

開放

南雲　五十嵐さんは、加藤さんを台湾の講演に招待されたんですよね。

加藤　そう、台湾に行く前に、講演の事前質問アンケートには、お金の質問がすごく多かったのに、実際に講演したあとは、お金のことは何も聞かれなかった。みんな集まってきて、「やりたい、私もやりたい！」って言われて。

五十嵐　私は、いろいろな講師を日本からお招きして講演をするんですけど、講演聞くとみんな感動するんです。でも、「日本はいいわね、いい制度があっていい人材がいて」「台湾は制度もちがうし、人材もまだいないからできないわ」で、終わり。講演聞いて感動して、そのあと生活は変わらない、行動も起きない。そういうのを何回か経験して、「やっぱりこれじゃダメだ」って思ってて。加藤さんたちが講演したあとに、いろいろなおばさまたちが来て、「それ、私もやりたいと思ってたのよー」とか、「私の家もリビングを開放することができるから、やってみたいわ」って言ってくれた人が何人かいたんですね。ある意味では、一人ひとりを追い詰めているのかな。加藤さんのやっていることは、外国だからできるんじゃなくて、すごい地位の高い人とか、ものすごいお金持ちだからできるんじゃなくて、自分と同じような生活者が一歩を踏み出したことによって、いろいろな面白い展開があった。そうすると、言いわけができなくなるわけですよ。「君たちこの講演聞いたでしょ、あと行動するかしないかはあなたの気持ち次第よ」って。すごいでしょ。そうやって台湾の人を追い詰めていくの。

南雲　何かをはじめるって大変だけど話を聞いて心が動いて、自然に行動を起こす人もいますね。日本はどうなんでしょう？

加藤　それは、日本も一緒。日本でも同じような話は何回かしていますけど、台湾みたいにあそこまで「私もやりたい！」っていう反応はめったにない。

みやの森カフェを語ろう。

居場所

五十嵐　たぶん、台湾にも「居場所づくり」とかの潜在的なニーズはあるけど、そもそも「居場所」ということばが台湾にはないから、そういう概念がない。どうことばにしていいかわからなかったところに、そのことばを与えてくれたってことなんじゃないかな。それはすごく嬉しかった。

南雲　そもそも「居場所」って、僕の実感としてはそんなに使うことばじゃない。最近よく聞くようになりましたね。生きづらさとセットで使われるようなところはありますね。台湾には、「居場所」ということばがない。でも、それに近いことばはあるんですか？

五十嵐　ない、思いつく限りではないね。家の空間、場所の経験、そういうことをあらためて問い直す機会が台湾の人はあんまりないような気がする。「家の中で、どこが自分の場所だと思いますか？」っていう話をすると、「居間のソファは、自分の場所じゃなかった」っていうことを逆に発見しちゃったりして、すごいショックを受けちゃったりする。

加藤　でも、自分だって「居場所ってどこだ」って考えるとすぐには思いつかない。南雲くんの居場所はどこですか？

南雲　ここだって明確には言えないですね。そう考えてみると、自分の居場所ってどこなんだろう。自分の部屋は居場所だけど、ずっとそこにいて心地いいかと言えば、そうでもないんです。居場所は日替わりで何個あってもいいわけですしね。

五十嵐　居場所っていうのは、人から与えられるものじゃなくて、かたちには見えないかもしれないけど、そこの場を共有している人たちの主体的なかかわりとか、不断の努力によってものすごい微妙なバランスでかろうじて維持される、すごいもろいものだと思うんです。それは、やっぱり一人で努力してもダメで、そこを構成している人たちが主体的にかかわることによって成立する。

自由

加藤　ほんとに。例えば、引きこもりで一人でいるときはある程度一人の世界だけど、外に行ったとたんにいろいろな人がいるから、やっぱりそこでもストレスは感じますよね。

南雲　部屋に引きこもっていると自由な時間を過ごすことができますけど、人とのつながりにおいては不自由ですよね。カフェはそんな人でもストレスをあまり感じずに人とつながることができますね。

加藤　カフェを「居場所です」って言ってくれるのはありがたいけど、私自身はそれほど「みんなの居場所にしよう」とは意識していないなあ（笑）。

南雲　気づいたら周りの人にとっては居場所になっているっていうこと。

加藤　居場所っていうのは、みんなちがうからね。たまにご飯食べるところだから、「居場所」っていう人もいるし、ここをなんとかしてあげようと思って、棚をきれいにしてくれたりしている人もいるし。「どんなかかわりでもいい」っていう空気があればいいのかなって。一年に一回来る人でもいいし、それを「あなたもうちょっとかかわりなさいよ」ってことにはならない。どんなかかわりでもいいから、私のやることとは、「来てくれればいい」って思うことだけかな。

五十嵐　場所とか、人に対する自分の関心を示す方法とか、愛を示す方法とか、それはやっぱり自由であるべきだと思うんです。人に迷惑をかけない限りはいろいろな方法があっていい。別の方法で示される愛を否定しないっていうことですかね。

加藤　そうです、その通り。ただ、じゃあ私にとってここが「居場所」かって言ったらけっこう維持していくのは大変な場所。労働の場になってきますからね。でも、それをわかって「ここ手伝うよ」って言ってくれる人が来たりするのは、ほんとにすごい喜びですね。

かかわる

五十嵐　私は、その空間がいい場所かよくない場所かは、「そこに主体的にかかわれるかどうか」が、実は大事な気がするんです。みやの森カフェだったら、純粋にお客さんになってもいいし、「ちょっとなんか手伝ったほうがいいかな」って思ったら手伝ってもいいし。選択肢にすごく幅があるような気がします。豊かな場所っていうのは、休憩をする、ほんとにもうダメなときは癒される、そして人とつながることができる。あと、学びがあるってこと。

加藤　みやの森カフェは、不完全なところがありまくりで、周りからいろんな人が見て「これはダメよ」「これはダメじゃない」とかって言われる。棚ショップをつくったはいいけど、チラシが増えてきてボンって置いてあったりすると、「あーこんなとこ置いてっちゃダメよー」とかって言うおばちゃんが来て、それで「売るものちょっと探してくるわ」って言って調達してきたり。結局、なんか不完全さを補完してくれてる人が現れたりするっていうのが、これがまた面白くて。で、「これはダメよ！」とかって言われると、「じゃあなんかやってくれる?」って期待してしまう(笑)。

五十嵐　そこ面白いですよね。ふつう、「この花瓶こっちに置いたほうがいいんじゃないの」って言ったらクレーマーみたいになっちゃうけど、でもみやの森カフェだったら、「あーちょっとこれこっちに並べとくわね」って言うのもOKになる。

加藤　完全じゃないものにかかわろうとしてくれる人たちがいるから、それで成り立っている部分もあって。それは、意識的じゃないんですよ。きっと、役割がほしい人も多いのでしょうね。家庭での役割、会社での役割、それ以外にこんな役割があるっていうのは、それこそまた新たなアイデンティティが増えるっていうかね。

五十嵐　その日の状況、周りと自分の状況に合わせて選択する余地がある。

加藤　それは、不完全だから。皿洗いの人が足りないっていう不完全だったり、こんなところにこんなもの置いてっていう不完全だったりから、「これにかかわろう」って人が増えていることは確か。

南雲　不完全さって、人とつながる上でとっても重要な要素なんですよね。

加藤　なんでもできる人だったら、別に一緒に生きていく必要もないものね。ここは、誰が来てもいい場所。さらにみやの森カフェはおばちゃんが多いから、若者たちには、「ひとのま」や「フリースペースＨＯＰＥ」（富山市にある自宅の一部を開放しているフリースペース）とか若者が多い場所を、「他にもこんな居場所があるよ」って紹介ができるのはありがたい。みんな、いろいろなものを補完し合いながら存在しているってことが、なんとなく自分たちの中にわかると、それこそ地域も豊かになっていく。

つながり

五十嵐　ＹＭＣＡの男の子たちが来てくれて、その男の子が私にすごく楽しそうに話してくれたのが、「僕はね、加藤さんの料理が世界一おいしいと思うんです」って、「僕は加藤さんのお料理教室に通ってました」って、すっごく嬉しそうに話してくれるんですよ。食べ物の力ってすごいなって思って。

南雲　そこ原点！　加藤さんの料理。

加藤　彼はね、小学生のころからのお付き合い。勤めはじめがとてもつらくて、失恋もして、「歌をつくったので聞いてください」って【あの日のカブトムシ】っていう歌をカフェで歌っていたの。そのとき厨房で料理してた人が、「ちょっと料理まずくなるからやめてください」ってズバッと言ったら（笑）、彼は素直に「はい、今度は明るい歌つくってきます」って。そんなこともあって、仕事のはじまりを乗り切れた。彼は、もうここが居場所っていうふうに思って、ここに来るために運転も一生懸命練習しました。「すどまりとなみ」（砺波市にある古民家ゲストハウス）にも「ひとのま」

にもよく行っていますね。

五十嵐　だから、彼の好きな場所は、みやの森カフェを原点にあちこちに広がっているなって、「あ、豊かな人生だ」っていうふうに思ったんです。豊かな場所の経験とか、豊かさっていうのは、つながりが増えることであったり、自分が安心して行ける場所が増えること。

加藤　それも一カ所だけじゃなくて、「今日はここにしようかな」って、選べる。

南雲　だいたい関係が深くなってくるほど、ここにとどめておきたくなるのが人間のいいところでも悪いところでもあるのに、加藤さんにはそれが全くない。

加藤　うちだけにとどめておくなんて、それは面倒くさい（笑）。そんなにかかわりきれない。とにかく、いろんな人に出会って、「今日はここ行こうかな」って選んでほしいので、他に行けそうなところがあれば必ず紹介します。五十嵐さんもここへ来てくれたけど、五十嵐さんに合いそうなところをいっぱい紹介しました。

五十嵐　加藤さんにつなげてもらった彼らから、私はほんとうに学んだ。それと、子どものときの世界一おいしい料理の力にも。

加藤　最初のころの彼らとのお料理教室

は、肉団子をつくろうと思ってこねた塊を置いといたら、ボンって鍋の中に入れられたり、サンドイッチにレタスを入れたら、「オレはキリギリスじゃない！」って怒っている子がいたりとか、すごいところからのスタートだった。よくここまでいってくれたと思う。

五十嵐　でも、それが人の一生を支える経験になるっていう。

加藤　「続けるってすごい大事だなー」って思ってて、カフェが四年目でしょ、最初小学生だった子が今中学生になって、高校生になって、そして働くときに、「あ、あそこがあった」って思い出してもらえると思うと、細々とでも続けたいなあと思っています。

終わり

Ponte
とやまの
活動

県内外の
ネットワークと
情報交換

子どもたちの
楽しい体験の
場を提供

みやの森カフェの運営

● ふだんカフェ
（手作りランチ・スイーツ）
木・金 12時～17時
土　12時～15時（不定休）

・スイーツ相談会
（小学校低学年までの保護者向け）
・介護おしゃべり会
介護で悩んでいる方、
おしゃべりしたり相談したりできます
・ほっとなみカフェ（砺波市との協働）
認知症などの相談をできるカフェです
隔月臨床美術あり
・棚ショップカフェ　手作り小物を販売
・就労体験（皿洗い・接客など）

相談活動

子育てや介護、子どもの不登校や引きこもり、発達障がいなどで悩んでいる方、おしゃべりしたり、相談したりできます。

（カフェ時間内無料）

・時間外相談（全般）
・個別専門相談
（発達、子育て相談）
・その他個別専門相談

子ども向けの活動

● WAKUWAKUサークル
・土となかよし
～園芸療法プログラム～
・キッズプログラム
・プレキッズプログラム
・クリエイトプログラム
・からだとこころのプログラム
（富山大学との協働）

● 就労体験プログラム
・～でこぼこキッズカフェ～

● 学習サポート
・砺波：みやの森カフェ
・高岡：くるみの森
・射水：プラスワン
・富山：ぴーなっつ
・滑川：ひまわりクリニック

● おしゃべり会
保護者向け・支援者向けの講座を開催

● 当事者活動
「生きづらさを抱えている」
若者就労支援活動

ホームページ　https://ponte-toyama.com/

みやの森カフェをとりまくつながり

就労相談

- 富山県発達障害者センター「ほっぷ」
- 人づくり学び舎
- 障害者サポートセンター「きらり」
- 中小企業家同友会
- Create Works

行　政

- 砺波市役所
- 包括支援センター
- 社会福祉協議会
- 厚生センター

全国介護者支援団体連合会

シェアライフ富山

ほっこり南砺

高齢者支援

- 高岡南福祉会
- つむぎ倶楽部
- 認知症の人と家族の会

医　療

- 富山まちなか診療所
- 福井病院
- 松岡病院
- ホッこりハウス
- キャンナス（ボランティアナースの会）
- 台湾在宅医療学会
- ものがたり診療所

Ponteとやま

みやの森カフェ

富山型デイサービス

- ふらっと
- おらとこ
- 大空と大地のぽぴー村

る・ふっくらん（パン屋）

とやま臨床美術の会

チアテラス

園芸療法ネットワーク富山

民間居場所

- コミュニティハウスひとのま
- 富山 YMCA フリースクール Y's さくらカフェ
- 富山ダルクリカバリークルーズ
- ここらいふ
- ガチョック
- ココロの駅

子ども・女性・障がい者支援

- 日常生活支援サポートハウス
- カフェ夢生民（つながり）
- くるみの森
- こっころ（わかくさ会）
- プラスワン
- ワークハウスとなみ野
- 場面緘黙を考える会富山
- パサパ（DV被害者自立支援）
- しんぐるサポート

フードバンクとやま

士遊野（農業）

港南台タウンカフェ

月猫カフェ（保護猫）

にぎやか食堂

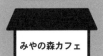

あとがき

はじめから「みやの森カフェの本をつくりたい！」と意気込んでいたわけではなく、いつの間にか導かれるようにこの本はできあがりました。

二〇一六年秋に、ぶどう社主催の出版記念パーティーが東京の日本プレスセンタービルでありました。その日のうちに翌日の宮袋季美さんが理事長である「ふらっと」主催の講演のために富山入りしました。講演は夜でしたので、昼間にみやの森カフェを訪れました。富山に行くと、ふらりと立ち寄りたくなります。

その後、ぶどう社を訪れる機会がありました。いろいろな話をするうちに「居場所」というキーワードが浮かび上がってきました。そこで思いついたのが、みやの森カフェの存在です。

みやの森カフェでは、必ず面白い人と出会えます。好奇心で胸をふくらませることができる場所であり、遊園地のようなワクワクした気持ちになります。カフェを訪れる人たちの笑顔を見る度に、「みやの森カフェ」と「居場所」ということばが自分の中でつながります。

その後、加藤さんとよく連絡を取り合うようになりました。しかし、連絡をする度にみやの森カフェの存在がどんどんわからなくなりました。どんどん新しい人がカフェを訪れ、新しい取り組みがはじまり、台湾にまで講演に行くのですから、驚きしかありません。

みやの森カフェは、着実に前へ進んでいる風任せの場なのです。ことばとしては矛盾していても、居場所としては矛盾していません。この先、何が起こるか誰もわかっていないのではないかと思います。

登場される皆さんのこれまでのことを、ほとんど知らずにいました。その過去が現在へとつながり、みやの森カフェができあがることになりました。それぞれの人たちが少しでもちがう歩みをしていたら、出会っていなかったかもしれません。そう考えると、奇跡的にできたものであると言えます。

今後もまた、ふらりとみやの森カフェへ寄ることになります。その時にはどんな人たちと出会えるのか。変わらずに放っておかれると思いますが、あっという間に誰かとつながり、孤立なんてことばを忘れてしまうはずです。

登場した皆さんやぶどう社の市毛さんに「ありがとうございました」と言うと、なんだか少し他人行儀で照れくさいので、「またご飯を食べましょう！」をお礼のことばとさせていただきます。

二〇一九年二月　　南雲　明彦

著 者

みやの森カフェ（みやのもりかふぇ）

2014年7月、富山県砺波市に一般社団法人「Ponteとやま」の拠点として設立される。カフェ以外にも生きづらさをもつ子どもたちのプログラムや学習サポート、若者たちの就労支援、認知症カフェを行っている。

● 連絡先

住所：富山県砺波市宮森303　電話：0763(77)3733

ホームページ：https://ponte-toyama.com/

編著者

南雲 明彦（なぐも あきひこ）

1984年生まれ。新潟県湯沢町出身。

明蓬館高等学校（通信制高校）・共育コーディネーター。株式会社システムブレーンの講師として全国各地で講演をしている。

著書：『ＬＤは僕のＩＤ』（中央法規出版）

『治ってますか？発達障害』（花風社）

『この自分で、どう生きるか。』（ぶどう社）など

庭に小さなカフェをつくったら、みんなの居場所になった。

つなげる×つながる　ごちゃまぜカフェ

著　者　　みやの森カフェ著　南雲明彦編著

初版印刷　2019年4月10日

2刷印刷　2022年7月20日

発行所　　ぶどう社

編集担当／市毛さやか

〒154-0011　東京都世田谷区上馬2-26-6-203

TEL 03（5779）3844　FAX 03（3414）3911

ホームページ　http://www.budousha.co.jp

印刷・製本／モリモト印刷　用紙／中庄

ぶどう社の関連書

この自分で、どう生きるか。
[不登校の自分 × 大人の自分]

● **南雲明彦**

大人でもない子どもでもない人へ届ける30のメッセージ。

1600円＋税

不登校に、なりたくてなる子はいない。
[子どもと一緒に考える登校支援]

● **上野良樹**

小児科のお医者さんが実践する再登校支援を紹介。

1700円＋税

障害者のリアル × 東大生のリアル
● **野澤和弘・「障害者のリアルに迫る」東大ゼミ**

ゼミで東大生たちが障害者の講師と出会い、化学反応を起こす。

1500円＋税

ADHDと自閉症スペクトラムの自分がみつけた未来
[親子でふり返った誕生から就職まで]

● **堀内祐子（HAHA）＋堀内拓人（JINAN）**

成長する過程で、思い、考え、工夫し、みつけた未来とは。

1500円＋税

発達障害の私の頭の中は忙しいけどなんだか楽しい
[自分と向かい合うことで探した私の場合の対処法]

● **なずな・松本喜代隆**

高校生が頭の中を漫画で描き、精神科医が解説。それぞれの対処法も。

1500円＋税

お求めは、全国書店、ネット書店で